Dagmar v. Cramm

Was kleine Kinder gerne mögen

Vom Krabbel- bis zum Vorschulalter
gesund ernährt mit
schadstoffarmen Lebensmitteln

GU Gräfe und Unzer

Umschlag-Vorderseite
Da greifen auch schlechte Esser gerne zu: Die Gefüllten Ofenkartoffeln (vorne, Rezept Seite 58), der Tomaten-Zucchini-Salat (Mitte, Rezept Seite 42) und die Gestürzten Joghurt-Zwerge (hinten, Rezept Seite 56) sehen appetitlich aus und schmecken garantiert.

2. Umschlagseite
Möhren, Gurken, Radieschen und Käse schmecken als Stern, Mond oder Maus viel besser. Zum Ausstechen verwenden Sie am besten verschiedene Ausstechformen.

3. Umschlagseite
Backen Sie fürs Kinderfest diese Müslibuchstaben. Jedes Kind bekommt statt Tischkarten den Anfangsbuchstaben seines Namens – ob jeder schon seinen kennt? Das Rezept finden Sie auf Seite 59.

CIP-Kurztitelaufnahme der Deutschen Bibliothek

Cramm, Dagmar von:
Was kleine Kinder gerne mögen: vom Krabbel- bis zum Vorschulalter gesund ernährt mit schadstoffarmen Lebensmitteln/Dagmar von Cramm.
– 1. Aufl. – München: Gräfe und Unzer, 1989.
(GU-Küchen-Ratgeber)

ISBN 3-7742-1439-5

1. Auflage 1989

Redaktion: Maryna Zimdars
Herstellung: Christine Germer
Farbfotos: Fotostudio Teubner
Zeichnungen: Gerlind Bruhn
Umschlaggestaltung: Heinz Kraxenberger
Satz und Druck: Appl, Wemding
Reproduktionen: SKU Reproduktionen GmbH
Bindung: Sellier, Freising

ISBN 3-7742-1439-5

Sie finden in diesem Buch

Sie finden in diesem Buch

Ein Wort zuvor

Wir wollen es meist nicht wahrhaben: Mit dem ersten Geburtstag geht die Babyzeit unseres Kindes zu Ende. Natürlich nicht schlagartig – aber nach und nach erobert sich das Krabbelkind immer mehr Selbständigkeit. Jetzt ist es ganz wichtig für uns Eltern, nicht aus Bequemlichkeit im »Babytrott« zu bleiben. Unser Kind braucht nun unsere Hilfe, Ermunterung und Anregung auf dem Weg ins Kleinkindalter.
Und wie ist es mit der Ernährung? Ihr Kind verträgt jetzt eigentlich fast alles. Aber es ist kein kleiner Erwachsener, sondern hat spezielle Bedürfnisse und Vorlieben. Viele hängen noch an der Flasche, andere wollen partout jetzt schon alleine essen (und dann noch Tomatensauce!). Zumindest entwickelt das Kleinkind ganz deutlich, gerade bei Tisch, seinen eigenen Willen. Und das kann Mütter zuweilen die letzten Nerven kosten. Dazu kommt eine gewisse Verunsicherung bei der Mutter: Ist Süßes wirklich so schädlich? Kann ein Kind auch mit »Pommes« und Fischstäbchen unbeschadet groß werden? Sind feste Essenszeiten ein Muß? Ist mein Kind zu dick oder gar zu dünn? Bekommt es genug Vitamine, auch ohne Lebertran? Haben Lebensmittel wirklich zu viele Schadstoffe? Und wie päppel ich mein krankes Kind bei Fieber oder Darmverstimmung wieder auf? Die Statistik zeigt: Es gibt einige typische Schwachpunkte in der heutigen Kleinkindernährung. So wird ein Viertel der Kalorien durch wertlose Lebensmittel wie Limo, Zucker, Süßigkeiten und Weißbrot geliefert. Fertigprodukte ersetzen in zunehmendem Maße Selbstgekochtes. Die Folgen dieser Trends: die Kinder bekommen zu wenig Calcium, Eisen und Zink, aber zuviel Salz und Eiweiß. Diese Tendenz setzt sich dann bei Schulkindern und Jugendlichen verstärkt fort.
Dieses Buch will Sie soweit über die gesunde Ernährung des Kleinkindes informieren, daß Sie in den wichtigen Fragen, die auftauchen, die richtige Entscheidung treffen können. Sie erfahren, welche Nährstoffe Ihr Kind in welchen Mengen benötigt und worin sie enthalten sind. Sie können anhand von Kurven selber überprüfen, ob Gewichtsentwicklung und Wachstum Ihres Sprößlings »normal« sind.
Ich versuche Ihnen eine gesunde, aber auch kindgerechte Küche nahezubringen. Dazu gehört das Essen im Kindergarten ebenso wie die kulinarische Gestaltung des ersten Kindergeburtstags. Einiges zeigen die brillanten Farbbilder in diesem GU-Küchen-Ratgeber. Ich berücksichtige in meinen Rezepten die kleinen Frühstücksmuffel ebenso wie die Süßschnäbel, die lustlosen Esser wie die kleinen Nimmersatts. Und ich vergesse auch nicht die geplagten Mütter. Weiß ich doch aus eigener Erfahrung, wieviel guter Wille einfach in der Hektik des Alltags untergeht. Deshalb muß gesunde Kinderküche auch immer schnell und unkompliziert sein – sonst bleibt sie unrealisiert.
Neben diesen ganz konkreten Ratschlägen, hilfreichen Tips und Rezepten möchte ich Sie für die Ernährungserziehung Ihres Kindes sensibilisieren. Oft übersehen wir Entwicklungen und Gewohnheiten, die später schwer zu ändern sind und uns Müttern zu schaffen machen. Während im ersten Lebensjahr das motorische Lernen und die Reifung des Verdauungssystems im Vordergrund standen, geht es jetzt um das soziale Lernen. In dieser Zeit prägen sich die Ernährungsgewohnheiten und das -verhalten. Das stellt hohe Ansprüche an uns Eltern: Wir müssen uns selber überprüfen, denn unser Vorbild ist entscheidend. Spaß am Essen, ein gesundes Geschmacksempfinden, ein natürliches Hunger- und Durstgefühl und ein wenig Eßkultur sind die besten Grundlagen für eine lebenslange, gesunde Ernährungsweise. Und die werden unsere Kinder sicher brauchen, um ihr Leben in Zukunft zu meistern.
Das wünscht Ihnen (und sich)

Ihre Dagmar v. Cramm

Kleinkinder müssen viel lernen

Ihr Kind hat jetzt seinen ersten Geburtstag gefeiert. Für die Mediziner ist damit aus dem Säugling ein Kleinkind geworden. Diese Lebensphase dauert etwa 6 Jahre, bis Ihr Kind mit spätestens 7 ein Schulkind ist. Eine lange Zeit also, in der sich viel verändert.

- Das Wichtigste: Die inneren Organe sind jetzt ausgereift. Ihr Kind verkraftet bereits ein Essen am Familientisch – allerdings noch nicht unbedingt Erwachsenenkost.
- Der Körper Ihres Kindes wird mit den Keimen zu Hause fertig. Die übliche Haushaltshygiene reicht aus, mit anderen Worten: Hände waschen vor dem Essen schützt ausreichend vor eventuell auftretenden Verdauungsstörungen. Das Sterilisiergerät können Sie nun wegpacken . . .
- Die Zähnchen kommen! Nachdem gegen Ende des ersten Lebensjahres die Schneidezähne an der Reihe waren, kommen jetzt die Backen- und Eckzähne: Ihr Kind kann jetzt nicht nur abbeißen, sondern auch richtig kauen! Mit dem Verlust der Milchzähne und dem Durchbruch der bleibenden Zähne ist die Kleinkindphase zwischen dem 6. und 7. Lebensjahr beendet: Dann hat sich das Kleinkind zum Schulkind entwickelt.
- Das Saugen als Nahrungsaufnahme verliert langsam seinen Stellenwert. Trinken aus der Tasse und Essen mit dem Löffel, später mit Schieber und Gabel, ja sogar Messer treten an seine Stelle. Der kleine Esser wird selbständig und kann alleine sein Tempo bestimmen.
- Gleichzeitig fängt er an, ein »Feinschmecker« zu werden. Das Kind entwickelt Abneigungen und Vorlieben, erkennt seine Lieblingsgerichte wieder, probiert Neues aus. Kurz: sein Speisezettel wird reichhaltiger – und das ist gut so.
- Spätestens am Ende der Kleinkindzeit, mit etwa 6 Jahren, wird es vollkommen selbständig essen können, Wünsche äußern, gute oder schlechte Gewohnheiten haben und ein vollwertiges Mitglied am Familientisch sein.

Wenn Sie sich diese Entwicklung vor Augen halten wird klar, daß nicht mehr die rein organische Entwicklung im Mittelpunkt steht, sondern Geschicklichkeit, Anpassung an die Familienbräuche und Geschmackserfahrung – jetzt können Sie das Ernährungsverhalten prägen!

Richtig essen – ohne Vorbild geht nichts!

Nie wieder wird Ihr Kind in so kurzer Zeit ein so großes Lernpensum absolvieren müssen wie jetzt in seiner Kleinkindphase. Sprechen, Verstehen, Reagieren, aufs Töpfchen gehen, Anziehen, Ausziehen, jeder Handgriff, jede Fertigkeit guckt es seiner Umgebung ab – natürlich auch das Essen. Ihr Beispiel prägt jetzt die Haltung Ihres Kindes zum Essen. Wenn Sie jetzt sehr bewußt die Mahlzeiten gestalten, Entwicklungen beobachten und lenken, bleibt Ihnen in den nächsten Jahren viel Ärger und manches Problem erspart. Vielmehr noch: Sie können die Weichen für ein gesundes Eßverhalten stellen.

- Nehmen Sie die Mahlzeiten mit Ihrem Kind wichtig und füttern Sie es nicht nebenher ab.
- Sorgen Sie für eine entspannte Atmosphäre bei Tisch, dann wird das Essen auch für Ihr Kind zum angenehmen Ereignis.
- Richten Sie den Eßplatz so her, daß es Ihrem Kind leicht fällt, appetitlich zu essen. Vor allem die richtige Sitzhöhe (Hochstuhl) ist wichtig.
- Beziehen Sie Ihr Kind in Einkauf und Zubereitung der Mittagsmahlzeit ein, so weit es eben geht. Denn zum Genießen gehören nicht nur das Schmecken und Riechen der Zutaten, sondern eben auch das spielerische Begreifen der Zubereitung.
- Überladen Sie nie den Teller – das überfordert auch den eifrigsten Esser; lieber zweimal nehmen lassen.

• Zwingen Sie Ihr Kind nicht zum Aufessen – das verleidet ihm die Mahlzeit.
• Lassen Sie Ihr Kind alles probieren – gestatten Sie ihm dann aber auch, etwas nicht zu mögen. Andererseits: lassen Sie sich nicht entmutigen und stehen Sie auch einmal Konflikte durch! Ein allzu reduzierter Speisezettel kann später problematisch werden.
• Braten Sie Ihrem Kleinsten keine Extra-Wurst. Wer nicht die Hauptmahlzeit mitessen möchte, sollte keine Aussicht auf »Belohnung« haben! Zur Not tut's dann nämlich auch ein einfaches Butterbrot gegen den Hunger.
• Lassen Sie Ihr Kind selbständig werden – auch wenn das manchmal eine arge Kleckerei ist. Denn Essen hat immer auch »Spielqualität« – das sollten wir Großen ganz ohne falsche Moral (mit dem Essen spielt man nicht . . . .) begreifen.

Vom Sauger zum »richtigen« Besteck

Selber essen können ist eine Kunst, die nicht nur vom Willen des kleinen Essers abhängt, sondern von der ganz normalen Entwicklung seiner Motorik. Hier einige grobe Anhaltspunkte für das, was Ihr Kind können sollte:

Mit 12 Monaten: es trinkt mit Hilfe der Eltern oder Geschwister aus der Tasse; hält einen Löffel, kann ihn aber noch nicht benutzen.

Mit 18 Monaten: Ihr Kind trinkt aus der Tasse, aber verschüttet dabei nur wenig und ißt mit dem Löffel.

Mit 2 Jahren: es kann mit dem Löffel essen und aus der Tasse trinken, verlangt mit Worten nach Essen und Trinken, ahmt die Mutter beim Kochen nach.

Mit 3 Jahren: es benutzt Löffel, Gabel und Schieber bei Tisch; wäscht und trocknet die Hände ab, wenn Sie ihm dabei helfen; »hilft« beim Einkaufen, Tisch decken und Kochen.

Mit 4 Jahren: es kann gut mit Löffel und Gabel umgehen; putzt sich die Zähne; wäscht sich die Hände und trocknet sie richtig ab.

Mit 5 Jahren: es kann mit Messer und Gabel geschickt umgehen; schmiert sich sein Brot selbst; kann sich selber auflegen und ist reif für die erste Serviette.

Mit 6 Jahren: es schneidet selber mit Messer und Gabel Fleisch bei Tisch; kann sich wirklich gut benehmen; deckt den Tisch selbständig; kann schon einfache Mahlzeiten selber zubereiten.
Aber: nur keine Panik, wenn Ihr Kind etwas später dran ist! Diese Erfahrungswerte können die ganz individuelle Entwicklung natürlich nicht wiederspiegeln – jedes Kind braucht seine Zeit.
Sie können aber seine Entwicklung fördern oder bremsen. Geben Sie ihm immer wieder die Chance, etwas auszuprobieren. Gewöhnen Sie sich an den Gedanken, daß Ihr Säugling ein »Löffelkind« wird. Das ist für seine gesunde Sprachentwicklung und seine Selbständigkeit wichtig. Im Laufe des zweiten Lebensjahres sollten Sie deshalb die Flasche endgültig verschwinden lassen und auch der Schnuller ist bei einem Dreijährigen eigentlich fehl am Platze.
Doch überfordern Sie sich und das Kind nicht. Wählen Sie Phasen, in denen Sie Zeit und Nerven für eine Lösung haben. Bei uns war das meist ein gemeinsamer Urlaub – die Requisiten blieben zu Hause und wurden in der neuen Umgebung nicht direkt vermißt.

Essen macht nicht nur satt

Die reine Nahrungsaufnahme ist beim Baby, aber auch noch beim Kleinkind Grundlage einer funktionierenden Mutter-Kind-Beziehung. Und diese wiederum ermöglicht erst eine gesunde Entwicklung auf anderen Gebieten, wie beispielsweise vom Spielen bis zum Sozialverhalten.

Betrachten Sie das Eßverhalten Ihres Kindes also nicht nur vom rein gesundheitlichen Standpunkt aus, sondern ordnen Sie es in Ihre gemeinsame Beziehung ein. Machtkämpfe, die beim Essen ausgetragen werden und Leistungen, die mit Essen belohnt werden, sind recht häufige Beispiele einer falschen Ernährungsbeziehung. Auch Schwierigkeiten, die die Mutter selber mit dem Essen hat, können dem Kind den Appetit verderben. Wenn Ihr Kind Ihnen Sorgen macht, die mit dem Essen zusammenhängen, beschränken Sie sich also nicht nur auf die vordergründige Problematik des zu dünn oder zu dick, des Trödelns, der Einseitigkeit. Versuchen Sie, den Ursachen selbstkritisch auf den Grund zu gehen.

Mit steigendem Alter wird die Mahlzeit mit der Familie und mit anderen Kindern immer wichtiger, denn in Gesellschaft schmeckt es einfach besser! Gerade das Kleinste profitiert vom Familientisch: es hört die Gespräche, beobachtet Eltern und Geschwister und kann sich selber schon bemerkbar machen. Dadurch festigt sich sein Platz in der Familie.

Auch im Kindergarten spielt das gemeinsame Essen in fröhlicher Runde eine große Rolle. Da wird verglichen, getauscht und geteilt, bis jeder einmal probiert hat. Die ersten Geburtstage werden im Kindergarten und zu Hause gefeiert – immer mit einer festlichen Tafel. Beim Picknick im Indianerzelt, Grillen beim Sommerfest, Erdbeeren pflücken auf der Plantage wird Essen zum Spiel und Abenteuer. Der erste Einkaufsladen, kleine Backutensilien und vielleicht ein Puppenherd lassen Einkauf und Kochen zum Lernspiel werden. Dies alles sind prima Gelegenheiten für Sie, Ihr Kind zu bewußter, gesunder Ernährung zu erziehen und seinen Spaß am Essen und allem, was dazugehört, zu fördern.

Wer hat von meinem Tellerlein gegessen?

Der Verlust der Flasche läßt sich mit neuen Errungenschaften viel leichter verschmerzen. Ein Becher mit Namen, das »eigene« Besteck, der Serviettenring (für's Lätzchen) und ein Set räumen dem Kind einen offiziellen Platz am Tisch ein und unterstreichen seinen neuen Status.

Und nicht nur das: Kinderbestecke sind mehr als zu kleingeratene Erwachsenenbestecke. Sie sind dem kindlichen Körper und seinen Bewegungsabläufen angepaßt und erleichtern das Lernen: handliche Griffe, seitlich abgebogene Löffel, schaufelige Gabeln und ungefährliche, breite Messer sind ideal für den Beginn.

Becher haben kleine Tüllen, runde Henkel, sind unzerbrechlich und leicht; das erleichtert das Heben, Absetzen und Trinken. Teller sollten ausreichend Platz zum Löffeln bieten, aber einen schützenden Rand haben. Für kleine Suppenkasper können Sie noch lange einen Warmhalteteller benutzen – denn wer mag schon ein abgekühltes Mittagessen? Damit haben Sie Ihren Sprößling mit dem richtigen Handwerkszeug versorgt. Geben Sie ihm die Möglichkeit, es richtig einzusetzen. Dressieren Sie Ihr Kind nicht, aber bringen Sie ihm bei, wie bei Tisch gegessen wird. Ein Kind mit schlechten Eßmanieren wird nicht gerne zu Tisch eingeladen, fällt Groß und Klein unangenehm auf. Diese peinliche Situation sollten Sie ihm ersparen. Zeigen Sie ihm, wie man es richtig macht.

Die richtigen Bausteine zum Wachsen

Der Ernährungsbericht 1984 kam zum Schluß: unsere Kleinkinder sind in der Regel gut ernährt – Mangelerscheinungen konnten nicht festgestellt werden.
Aber: etwa 20% unserer Kleinkinder sind bereits übergewichtig und etwa 10% haben deutliches Untergewicht. Ein Zeichen dafür, daß vielleicht doch nicht alles zum Besten steht. Denn wir möchten unseren Nachwuchs ja nicht nur vor Skorbut oder Rachitis bewahren – wir wollen einfach das Beste für die Kinder. Den Mindestbedarf an Nährstoffen zu decken, ist also nicht unser Ziel und das Anliegen dieses Buches. Ideal ist vielmehr eine Kost, die unsere Kinder mit allem versorgt, was sie zum Wachsen brauchen, ihre körperlichen Anlagen optimal entwickeln hilft und damit eine solide Grundlage für ihre spätere Gesundheit schafft.
Die Möglichkeiten dazu haben wir – nur schöpfen wir sie nicht aus:

- Etwa 25%, also ein Viertel der Nahrungsenergie wird durch wertlose Lebensmittel gedeckt, die keinen Gesundheitswert haben, wie beispielsweise Zucker, Süßigkeiten, Limonade und Weißbrot. Der Trend nimmt sogar noch zu.
- Fertigprodukte ersetzen in zunehmendem Maße Selbstgekochtes. Folge: weniger Ballaststoffe und Vitamine, mehr wertarme Fette, mehr Eiweiß, mehr Zusatzstoffe, Phosphate und Salz werden aufgenommen.
- Die übliche Ernährung von Kleinkindern ist zu salzig. Es wird befürchtet, daß hier bereits die ersten Voraussetzungen zu Bluthochdruck geschaffen werden.
- Die Kinder bekommen im Durchschnitt zu wenig Calcium, das für die Knochenbildung wichtig ist. In den letzten 20 Jahren ist der Milchverbrauch erheblich zurückgegangen, obwohl Milch ein wichtiger Calciumlieferant ist. Dafür verfünfachte sich die Menge an zuckerhaltigen Getränken.
- Die Versorgung mit Fluor, Jod, Eisen und Zink ist ebenfalls nicht optimal.
- Gleichzeitig ist der Anteil an Eiweiß – speziell tierischen Ursprungs – meist zu hoch: Das belastet schon früh die Nieren.
- Der Trend zu einseitigen Ernährungsformen wie strenger Vegetarismus (keine Milch, kein Ei) und Makrobiotik nimmt zu und überfordert gerade Kinder mit ihrem hohen Nährstoffbedarf.

Fazit: Wir könnten unsere Kinder durchaus besser und gesünder ernähren. Aber wie?

Zum Leben braucht Ihr Kind Energie

Unser Körper holt sich seine Energie aus der Nahrung. Gemessen wird die Energie in Kilojoule oder der immer noch gängigen Kilokalorie. Je nach Alter und Aktivität ist der Energiebedarf höchst verschieden. Kleinkinder liegen mit ihrem Bedarf an der Spitze. Kein Wunder, denn sie benötigen Energie nicht nur für Ihre Stoffwechselvorgänge, sondern auch noch zum Wachsen. Außerdem muß der kindliche Körper mehr Energie verbrennen, um die Körpertemperatur beizubehalten. Jede Mutter kann ein Lied davon singen, daß Ihr Kind kaum einen Augenblick still sitzt, vielmehr ständig in Bewegung ist. Das verbraucht zusätzlich Energie (allerdings auch die der Mutter . . .).
Der Tabelle auf Seite 10 können Sie entnehmen, wieviel Kalorien Ihr Kind am Tag braucht.

Die richtigen Bausteine zum Wachsen

Durchschnittliche Energieaufnahme in kcal

Alter in Jahren	kcal/Tag		kcal/kg Körpergewicht/Tag	
	Jungen	Mädchen	Jungen	Mädchen
1–1,9	1010	920	96	86
2–2,9	1250	1140	87	88
3–3,9	1440	1320	87	89
4–5,9	1640	1530	85	76

Quelle: Forschungsinstitut für Kinderernährung, Dortmund

Über den Daumen gerechnet sind das für Kinder von:

- 1–3 Jahren
  etwa 5000 kJ/1200 kcal pro Tag.
- 4–6 Jahren
  etwa 6700 kJ/1600 kcal pro Tag.

Bekommt Ihr Kind zuviel Kalorien – beispielsweise einen großen Becher Limonade (100 Kalorien) täglich über den Bedarf – wird es langsam zum Dickerchen. Ißt es so wenig, daß es unterhalb seines Bedarfs bleibt, wird es irgendwann zu dünn. Es sei denn, zwischendurch liegen Phasen, in denen es tüchtig zulangt.

Die Kleinen lieben die Extreme

Normalerweise ißt ein Kleinkind nicht gleichbleibend viel. Untersuchungen an einem 3-jährigen ergaben Unterschiede von bis zu 330 Kalorien pro Tag – und das ist eine ganze Menge.
Auch zwischen verschiedenen Kindern ergeben sich erhebliche Unterschiede im Kalorienbedarf. Eigentlich ganz logisch: Ein hopsendes, rennendes Kindergartenkind, das mittags nicht mehr schläft, verbraucht erheblich mehr Energie als sein Freund, der ruhige Spiele vorzieht und tagsüber noch seinen Schlaf braucht.

Bekommen Sie also nicht gleich Panik, wenn Ihr Liebling plötzlich tagelang futtert wie ein Scheunendrescher, dann wieder völlig lustlos vor seinem Teller sitzt. Solche »Exzesse« sind ab und zu tatsächlich normal.

Hat Ihr Kind das richtige Gewicht?

Der mütterliche Augenschein allein reicht oft nicht zur richtigen Beurteilung des Gewichtes aus. Laut Ernährungsbericht wurde gerade Übergewicht bei Kleinkindern von den eigenen Müttern nicht erkannt. Daran kann die falsche Vorstellung vom »gesunden Babyspeck« schuld sein. Demgegenüber waren die Mütter der eher mageren Kleinkinder sich über das Untergewicht Ihres Kindes durchaus im klaren. Die folgenden Tabellen informieren Sie über das richtige Gewicht.
So einfach ist es bei Kindern nicht, das ideale Gewicht festzulegen. Denn ein Kind wächst nicht gleichmäßig – es schießt zwischendurch immer wieder in die Höhe und wird dabei dünner. Verlangsamt sich das Wachstum, runden sich die Formen wieder. Dieser Rhythmus ist bei jedem Kind sehr unterschiedlich.
Das Kleinkind verändert sich äußerlich in den ersten Jahren erheblich. Das eher gut gepol-

sterte, noch etwas babyhafte 3-jährige unterscheidet sich in seinen Proportionen erheblich von einem 5 bis 7-jährigen, das sich in der »ersten Streckung« befindet und schon wie ein richtiger kleiner Junge und ein kleines Mädchen aussieht.

Fazit: Betrachten Sie Ihr Kind einmal mit kritischen Augen, aber überbewerten Sie kurzfristige Gewichtsentwicklungen nicht.

In diese Grafiken können Sie Größe und Gewicht Ihres Kindes eintragen und mit den Kurven vergleichen. Aber nehmen Sie die Werte nicht zu streng!

Körpergröße und Körpergewicht im Verlauf der Kindheit

Körpergröße in cm	Körpergewicht in kg	Alter in Jahren*	Körpergröße in cm	Körpergewicht in kg
Mädchen			Jungen	
75	9,3	1	77	10,3
87	12,2	2	89	12,8
96	14,5	3	97	14,9
103	16,6	4	104	16,8
111	19,0	5	111	19,1
117	21,0	6	117	21,2
122	23,3	7	124	24,0

Quelle: Reinken, Droese, Stolley, Forschungsinstitut für Kinderernährung, Dortmund
*abgeschlossenes Lebensjahr

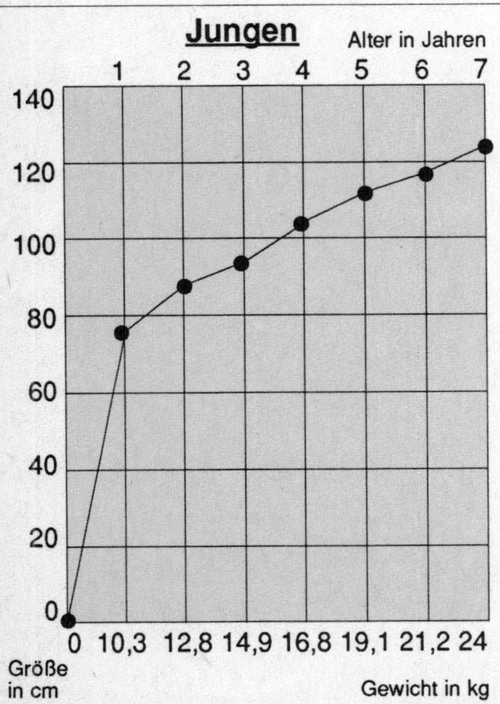

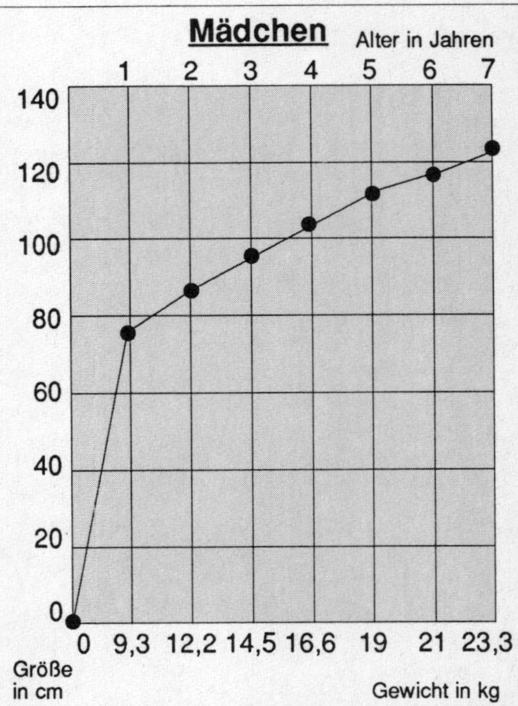

Auf die Grundbausteine kommt es an

Die Energie, die wir mit dem Essen zu uns nehmen, verteilt sich auf drei Grundbausteine: Eiweiß, Fett und Kohlenhydrate. Die Kombination dieser drei Grundstoffe ist mitentscheidend für die Qualität unserer Ernährung.

Eiweiß – der Stoff, aus dem die Zellen sind

Eiweiß liefert etwa 4 Kalorien pro Gramm. Es besteht aus Aminosäuren, von denen acht regelmäßig mit der Nahrung zugeführt werden müssen. Diese Aminosäuren sind unersetzlich als Baustein der Zellen, Träger der Erbinformation und Bestandteil des Abwehrsystems. Kinder haben einen besonders hohen Eiweißbedarf, denn die Zellerneuerung geht doppelt so schnell vor sich wie beim Erwachsenen und neue Körpersubstanz muß ständig aufgebaut werden.

Ein Kind, das längere Zeit zu wenig Eiweiß erhält, entwickelt sich nicht optimal. Es bleibt in seinem körperlichen und geistigen Wachstum zurück.

Deshalb sollten Kleinkinder etwa 12–15% Eiweiß mit der täglichen Nahrung erhalten. Nicht weniger, aber auch nicht mehr! Dabei spielt auch die Art eine Rolle. Die Hälfte sollte aus tierischen Produkten stammen wie Milch und Milchprodukte, Eier, Fisch und Fleisch. Die zweite Hälfte sollte durch pflanzliches Eiweiß aus Kartoffeln, Vollkorn, Nüssen und Hülsenfrüchten gedeckt werden. Damit erreichten Sie eine hohe biologische Wertigkeit. Das bedeutet: Es sind alle Aminosäuren enthalten, die das Kind braucht. Bei uns bekommen die Kinder in der Regel mehr als genug Eiweiß – Sie brauchen es nicht extra mit konzentrierter Nahrung zu päppeln.

Fett macht Kinder nicht fett

Jedenfalls nicht unsere Kleinkinder – das ergaben neuere Untersuchungen. 1 g Fett liefert mit etwa 9 Kalorien die meiste Energie. Gleichzeitig ist Fett Träger der fettlöslichen Vitamine A, D, K und E, Bestandteil der Zellwände und Grundsubstanz für Hormone. Etwa 35% der täglichen Kalorienmenge darf bei Kleinkindern aus Fett bestehen. Das wird bei uns in der Regel erreicht. Doch auch bei diesem Nährstoff ist nicht egal, welche Sorten.

Unentbehrlich sind vor allem die mehrfach ungesättigten Fettsäuren, enthalten in pflanzlichen Produkten wie nicht raffinierte Öle und Fette, ungehärtete Margarine, Nüsse und Samen. Besonders wertvoll unter den tierischen, gesättigten Fetten ist die Butter. Bei diesen »sichtbaren« Fetten sollten Sie nicht sparen. Wichtig: möglichst unerhitzt verwenden, denn Vitamine und mehrfach ungesättigte Fettsäuren werden durch Hitze abgebaut. Einschränken sollten Sie die »versteckten« Fette in Wurst, Fleisch, Fertiggerichten, Backwaren, Süßigkeiten und sehr fettem Käse. Sie sind arm an wertvollen Inhaltsstoffen und liefern lediglich Energie.

Doch machen Sie bitte nicht den Fehler, fettreduzierte Milchprodukte, Diätwurst und »schlanke« Desserts einzukaufen. In diesen Produkten fehlen wichtige Substanzen, wie beispielsweise Fettsäuren, fettlösliche Vitamine und Calcium. Sie sind industriell stark bearbeitet und für Kleinkinder nicht geeignet. Überdies: vor Cholesterin müssen Kinder noch keine Angst haben! Es ist Bestandteil der Zellwände, die jetzt aufgebaut werden.

Bei den Kohlenhydraten läuft vieles falsch

Mit 50–53% der Gesamtkalorien sollten Sie Energielieferant Nr. 1 sein. 1 g Kohlenhydrate hat zwar nur 4 Kalorien, doch sollten unsere Kleinkinder die Hälfte ihrer Nahrung in dieser

Form zu sich nehmen. Sie sind für den Körper besonders schnell verfügbar – für unsere aktiven Kleinen sehr wichtig.
Wenn wir uns die wichtigsten wertvollen kohlenhydratreichen Lebensmittel ansehen, wissen wir, warum sie unentbehrlich sind. Vollkornbrot, Obst, Gemüse, Kartoffeln, Reis und Müsli sind gleichzeitig Hauptträger der wasserlöslichen Vitamine C und die der B-Gruppe, auf deren ständige Zufuhr wir angewiesen sind. Außerdem liefern sie die wichtigen, für uns zwar unverdaulichen Ballaststoffe, die aber für eine gesunde Verdauung sorgen.
Eher wertlose kohlenhydratreiche Lebensmittel sind Zucker, Süßigkeiten, süße Fruchtsaftgetränke und Limonaden, reine Stärke und Weißmehlprodukte. Sie liefern viel Energie, doch fehlen ihnen so ziemlich alle anderen wertvollen Inhaltsstoffe. Deshalb spricht man auch von »leeren Kohlenhydraten«. Diese decken bei unseren Kindern heute leider bereits die Hälfte der Kohlenhydratzufuhr ab. Oder anders betrachtet: Ein Viertel der täglichen Energie wird in Form von diesen für die Gesundheit wertlosen Lebensmitteln gedeckt. Und damit entgeht den Heranwachsenden eine Vielzahl wichtiger Aufbaustoffe. Trotz Nahrungsangebot im Überfluß entstehen dadurch die ersten Mängel – und der Anteil dieser wertlosen Nahrungsmittel auf dem Speisezettel der Kinder wächst! Außerdem ergaben Untersuchungen: wenn Kinder zu dick sind, dann essen sie zuviel Süßes, zuviel Weißgebäck und trinken zuviel zukkerreiche Getränke. Die »leeren Kohlenhydrate« sind für ihr Übergewicht verantwortlich, nicht etwa zu fette Kost wie bei Erwachsenen! So entsteht ein Teufelskreis; denn diese Art von Kohlenhydraten geht sehr schnell ins Blut, der Blutzuckerspiegel steigt steil an, um dann rapide abzusinken. Folge: die Kinder sind im Nu wieder hungrig!

Durchschnittliche Nährstoffzufuhr pro Tag für 1–3 Jahre und 4–6 Jahre

Alter	Eiweiß g/Tag	Fett g/Tag	Kohlenhydrate g/Tag
1–1,9	29	36	125
2–2,9	33	45	155
3–3,9	36	53	180
4–5,9	44	62	200

Quelle: Forschungsinstitut für Kinderernährung, Dortmund

Ballaststoffe – ohne Nährwert, aber wichtig

Obst, Gemüse und Getreide enthalten Substanzen, die von unserem Verdauungssystem nicht verwertet werden können. Trotzdem spielen sie eine wichtige Rolle. Sie sorgen für einen regelmäßigen Stuhlgang und beugen Verstopfung vor, sie sättigen, ohne Kalorien zu liefern und binden Nahrungsschlacken. Sie geben Zähnen und Darm viel zu tun – für das einjährige Kind keine leichte Aufgabe. Deshalb sollten Sie es langsam an ballaststoffreiche Kost gewöhnen: Getreideflocken, locker gebackenes Vollkornbrot, Nüsse, Trockenobst, zerkleinertes Obst mit Schale bereiten den empfindlichen Magen gut vor. Die ballaststoffreichen Kohlarten und Hülsenfrüchte sowie roh eingeweichtes Frischkornmüsli wirken leicht blähend und sollten erst im Laufe des zweiten Lebensjahres eingeführt werden. Mit drei Jahren haben sich die Kinder an diese derberen Nahrungsmittel gewöhnt. Ganz wichtig: Ballaststoffe können ihre wohltuende Wirkung nur voll entfalten, wenn gleichzeitig genug getrunken wird. Erst dann quellen die Fasern genügend auf.

Vitamintabelle

A = Kinder von 1–3, B = Kinder von 4–6 Jahre

Vitamin	Vorkommen	Funktion	Empfohlene Zufuhr pro Tag	Versorgung
A 1, A 2 Provitamin: Carotin	Käse (Camembert, Edelpilzkäse, Emmentaler), Hühnerei, Leber, Gemüse (Möhren, Spinat, Grünkohl, Broccoli), Aprikosen	Bestandteil des Sehpurpurs, Förderung der Eiweißbildung	A = 0,6 mg RÄ B = 0,7 mg RÄ (RÄ = Retinol-Äquivalent)	in Gegenwart von Fett besser verwertbar
D 1–D 7	Sonnenlicht, Seefisch (außer Seezunge und Schellfisch), Hühnerei, Lebertran, Pilze	fördert die Calcium- und Phosphataufnahme, Verknöcherung des Skeletts	10 µg	im Winter bei uns unsicher, deshalb Präparate
E	Getreidevollkorn, Vollkornbrot, Keimlinge, Hering und Makrele, Hülsenfrüchte, Nüsse, Maiskeim- und Sonnenblumenöl, Margarine	schützt mehrfach ungesättigte Fettsäuren	A = 5 mg TÄ B = 7 mg TÄ (TÄ = Tocopherol-Äquivalent)	Versorgung gut, wenn täglich etwas gutes Öl in den Salat gegeben wird
B 1	Getreidevollkorn (Weizen, Hafer), Vollkornbrot, Keimlinge, mageres Schweinefleisch, Sojabohnen, Erbsen, Grünkohl	Kohlenhydratstoffwechsel, Beeinflussung der Schilddrüsenfunktion und Nerventätigkeit	A = 0,6 mg B = 0,8 mg	Schweinefleisch aus Biohaltung
B 2	Milch und Sauermilcherzeugnisse, Quark, Edelpilzkäse, Hühnerei, Huhn, Leber, Trockenhefe, Keimlinge	allgemeiner Stoffwechsel	A = 0,7 mg B = 1,0 mg	bei ausreichend Milch Versorgung gut
B 6	Getreidevollkorn, Vollkornbrot, Weizenkeime, Fleisch, Makrele und Hering, Sojabohnen, Rosenkohl, grüne Bohnen, Grünkohl, Porree, Paprika, Bananen	Bestandteil von Enzymen im Eiweißstoffwechsel, Blutbildung	A = 0,7 mg B = 1,3 mg	nur bei viel Vollkorn Bedarf gedeckt
B 12	Milch und Sauermilcherzeugnisse, Camembert und Hartkäse, mageres Fleisch, Seefisch	Bildung der roten Blutkörperchen, Eiweißstoffwechsel	A = 2,5 µg B = 3,0 µg	nur bei strengen Vegetariern kritisch
Folsäure	Frischgemüse (Rote Bete, Spargel, Rosenkohl, Spinat, Fenchel), Leber, Orangensaft	allgemeiner Stoffwechsel, Eiweißstoffwechsel	A = 80 µg FÄ B = 120 µg FÄ (FÄ = Folsäure-Äquivalent)	hitzeempfindlich, frisch gepreßter Orangensaft
Niacin	Getreidevollkorn, Weizenvollkornbrot, mageres Fleisch, Leber, Seefisch, Erdnüsse, Erbsen, Grünkohl, Broccoli, Pilze	Stoffwechsel	A = 8 mg NÄ B = 11 mg NÄ (NÄ = Niacin-Äquivalent)	
Ascorbinsäure/ Vitamin C	Gemüse (Grünkohl, Paprika, Broccoli, Rosenkohl, Fenchel, Blumenkohl, Kohlrabi, Spinat, Rotkohl, Mangold, Wirsing, Weißkohl), Obst (Beeren, Zitrusfrüchte)	gesunde Bindehaut, Widerstandskäfte	A = 55 mg B = 60 mg	nur bei viel Frischkost sicher

Mineralstofftabelle

A = Kinder von 1–3, B = Kinder von 4–6 Jahre

Stoff	Vorkommen	Funktion	Empfohlene Zufuhr pro Tag	Versorgung
Calcium	Milch und Sauermilcherzeugnisse, Hartkäse, Grünkohl	Aufbau von Knochen und Zähnen, Blutgerinnung, Herztätigkeit, normale Erregbarkeit von Muskeln und Nerven	A = 600 mg B = 700 mg	Bei genug Vollmilch gesichert
Kalium	Kartoffeln, Gemüse, Hülsenfrüchte, Obst (Bananen), Getreidevollkorn, Vollkornbrot, Kalb- und Rindfleisch, Fisch	Regulation des osmotischen Drucks, Enzymaktivator für ATP und ADP, neuromuskuläre Erregbarkeit, Glykogenbildung, Proteinsynthese	A = 1–2 g B = 1–2 g	Bedarf reichlich gedeckt
Phosphor	alle Lebensmittel mit Phosphatzusatz, Käse, Wurst, Fleisch, Fisch, Milch und Sauermilcherzeugnisse, Vollkornbrot, Getreidevollkorn	Stoffwechsel, Baustein der Erbinformation	A = 600 mg B = 700 mg	zuviel Phosphor bremst Calcium-Aufnahme! Eher zu viel Phosphor
Magnesium	Getreidevollkorn, Weizenvollkornbrot, Seezunge und Steinbutt, Hülsenfrüchte, Gemüse (Spinat, Schwarzwurzeln, Grünkohl, grüne Erbsen), Kartoffeln, Bananen	wichtig für den Kohlenhydrat- und Proteinstoffwechsel, Muskelreaktion	A = 140 mg B = 200 mg	Kartoffeln sichern die Versorgung
Natrium-Chlorid	NaCl (Speisesalz): Fischwaren, Pökelprodukte, Wurstwaren, Käse, Backwaren, Konserven, Fertiggerichte, Würzmischungen	Regulation des osmotischen Drucks, neuromuskuläre Erregbarkeit, Zucker- und Aminosäureresorption	A = 2–5 g B = 2–5 g	Bedarf reichlich gedeckt bzw. zu hohe Aufnahme (Salz)
Eisen	Leber, mageres Fleisch, Getreidevollkorn, Vollkornbrot, Hülsenfrüchte, Gemüse (Spinat, Rosenkohl, Grünkohl, Schwarzwurzeln), Aprikosen	Bestandteil der roten Blutkörperchen, Sauerstoffversorgung	A = 8 mg B = 8 mg	nur mit Fleisch zu sichern
Fluor	Trinkwasser, Seefisch	Bestandteil von Zahnschmelz und Knochen	A = 0,5 mg B = 0,75 mg	Bedarf nur mit Tabletten gedeckt
Jod	Trinkwasser, Seefisch, Lebertran	Bestandteil der Schilddrüsenhormone	A = 100 µg B = 120 µg	selbst bei Jod-Salz knapp

Vitamine – ohne sie geht nichts

Sie greifen in alle Stoffwechselvorgänge ein, aber unser Körper kann sie nicht selber bilden. Wir sind auf eine ausreichende Versorgung durch die Nahrung angewiesen. Und da beim Kleinkind alle Stoffwechselprozesse besonders intensiv sind, fällt hier ein Mangel besonders schwer ins Gewicht. Die fettlöslichen Vitamine A, D, K und E kann der Körper speichern; sie müssen nicht täglich getankt werden. Die wasserlöslichen B-Vitamine, Vitamin C und Biotin sollten regelmäßig aufgenommen werden – hier können wir kein Depot bilden. In der Vitamintabelle (siehe Seite 14) können Sie sich genau über Vorkommen, Wirkung und Besonderheiten informieren.

Mit einer Mischkost ist bei uns die Vitaminversorgung gesichert. Entscheidend ist dabei die Qualität und die richtige Zubereitung, denn Vitamine sind sehr empfindlich. Für diese Stoffe gilt: wir kennen den Minimalbedarf, doch wissen wir nicht genau, wieviel unsere Kleinen brauchen, um sich optimal zu entwickeln. Ein Zuviel durch die Nahrung ist nicht möglich, deshalb sollten Sie so vitaminreich wie möglich kochen. Zusätzliche Vitaminpräparate sind überflüssig:

- Sie gewöhnen das Kind an ständige Einnahme von »Medizin«.
- Ein Zuviel kann bei fettlöslichen Vitaminen zu negativen Folgen führen.
- Sie verführen zum gedankenlosen Zubereiten der Nahrung.
- Wir wissen heute nicht, welche Wechselwirkungen Vitamine mit anderen Inhaltsstoffen in Lebensmitteln entfalten: so kann Vitamin C als Pulver ganz anders verdaut und verbraucht werden, als wenn es mit anderen Nährstoffen zusammen im Apfel gegessen wird. Die Nährstoffe wirken zusammen und nicht einzeln.

Mineralstoffe – Bausteine und Regulatoren zugleich

Die sogenannten Mengenelemente sind beim Aufbau des Körpers beteiligt. Da der kindliche Körper ständig wächst, ist der Bedarf an Mineralstoffen, die daran beteiligt sind, relativ hoch. Auch die sogenannten Spurenelemente, die in kleineren Mengen vor allem an Stoffwechselprozessen beteiligt sind, werden ständig gebraucht. Auch hier gilt: Präparate sind nicht notwendig – abgesehen von der Fluortablette zur Kariesprophylaxe. Doch reicht die Versorgung mit Mineralstoffen bei unseren Kindern nicht in allen Fällen aus:

Calcium, das als Baustein für Knochen und Zähne benötigt wird und in die Blutgerinnung, Herz- und Muskeltätigkeit eingreift, ist in der heutigen Kinderkost nicht immer ausreichend enthalten. Mit etwa 400 ccm Vollmilch können Sie den Bedarf bereits decken.

So gelingt der Polentaring mit Tomatensauce Schritt für Schritt (von oben links nach unten rechts). ▷
Den Maisgrieß in die kochende Milch rühren und quellen lassen. Für die Tomatensauce Tomaten und Pinienkerne im Mixer pürieren. Das Püree in einer Pfanne erhitzen und würzen. Dann geriebenen Käse und Petersilie unter den Maisbrei rühren und kleine Ringformen damit füllen. Die Polenta auf einen Teller stürzen und mit der Tomatensauce servieren. Das Rezept finden Sie auf Seite 53.

3
Cups
2
1

Die richtigen Bausteine zum Wachsen

Eisen als Blutbestandteil kommt ebenfalls häufiger zu kurz: etwa 60 g mageres Muskelfleisch reichen, um den Bedarf zu decken.

Zink spielt bei zentralen Stoffwechselprozessen eine große Rolle. Auch hier ist die Versorgung nur mit vielen Vollkornprodukten, Hartkäse, Rindfleisch und grünen Erbsen gesichert.

Fluor ist das einzige Mineral, das im Rahmen der Kariesprophylaxe mit Vitamin D als Präparat verabreicht werden sollte. Für Kleinkinder bis zum 4. Lebensjahr reichen 0,5 mg und vom 4. bis zum 6. Jahr 0,75 mg.

Jod ist Bestandteil der Schilddrüsenhormone. Zu wenig davon führt schon sehr früh zum Kropf. Gerade Kinder im Binnenland bekommen über das Trinkwasser oft zu wenig Jod: jodiertes Speisesalz ist gut, reicht aber dann nicht aus. Deshalb mindestens einmal pro Woche Seefisch kochen (100 g) und ausschließlich mit jodiertem Speisesalz würzen.

Natrium-Chlorid, zu deutsch Speisesalz, bekommen unsere Kinder zuviel! Salzen Sie selber sehr sparsam, geben Sie Ihrem Kind keinesfalls den Salzstreuer in die Hand. Achten Sie bei Brot und Käse auf salzarme Sorten, meiden Sie Wurstwaren und Fertigprodukte aus der Tüte. Denn diese »versteckten« Salze machen in der täglichen Ernährung viel aus. Auch Mineralstoffe müssen richtig behandelt werden. Sie sind zwar stabiler als Vitamine, können aber ausgeschwemmt werden.
In der Tabelle auf Seite 15 habe ich die wichtigsten Mineralstoffe, wo sie vorkommen und warum sie Kleinkinder brauchen aufgelistet.

◁ Für das Rouladenragout werden die Hähnchenbrustfilets flach geklopft. Sonnenblumenkerne, Blauschimmelkäse und Tomatenmark werden zu einer Paste verrührt. Für die Beilage wird Vollkornreis in 40 Minuten gegart. Nach der Hälfte der Garzeit werden noch Möhrenraspel dazugegeben. Während der Reis gart, werden die Filetstreifen mit der Paste bestrichen, die Streifen dann aufgerollt und mit Zahnstocher festgesteckt. Das Fleisch dann von allen Seiten anbraten und schmoren lassen. Die Röllchen mit einer Sahnesauce und dem Möhrenreis servieren. Das Rezept finden Sie auf Seite 52.

Flüssigkeit

Je jünger ein Kind, desto mehr Flüssigkeit benötigt es. Der kindliche Körper ist nämlich wasserreicher als der des Erwachsenen. Das Kind verliert über seine relativ höhere Körperoberfläche mehr Flüssigkeit und seine Nieren können noch nicht so viel Wasser zurückfiltern. So ist bei Erkrankungen wie Durchfall und Fieber die Gefahr des »Austrocknens« besonders hoch. Das Baby wird vorwiegend mit Flüssigkeit ernährt, während die Kost für's Kleinkind immer »trockener« wird. Deshalb ist die Ermahnung: »Kind, trink nicht soviel« völlig fehl am Platze. Sie brauchen nicht ständig die Trinkmenge zu kontrollieren. In der Regel spüren Kinder genau, wieviel Flüssigkeit sie brauchen. Wird der Durst aber mit süßen Getränken gelöscht, steigt der Bedarf künstlich an. Sorgen Sie dafür, daß Ihr Kind nach Bedarf trinken kann – aber nur kalorienarme Durstlöscher.

Durchschnittliche Höhe der Wasserzufuhr (ml/Tag)

Alter in Jahren	Wasser (Getränke und Suppen)	Wasser (feste Kost)	Wasser gesamt
1,0–1,9	400–600	250–350	650– 950
2,0–3,9	500–750	300–400	800–1150
4,0–5,9	550–850	350–450	900–1300

Quelle: Forschungsinstitut für Kinderernährung, Dortmund

Kinder-Küche

Kinder sind keine kleinen Erwachsenen. Sie essen am Familientisch mit, doch sollten wir Erwachsenen Rücksicht auf sie nehmen:

- Kinder haben viel weniger Kraft, Ausdauer und Geduld als Erwachsene. Ihr Mund ist kleiner, ihre Zähnchen ebenfalls. Sie können nicht so viel und so schnell kauen. Zu grobe Kost ist zu anstrengend für sie.
- Sie sind von ihren Bewegungen her ungeübter und langsamer.
- Sie essen und trinken absolut gesehen weniger als Erwachsene, doch im Verhältnis zu ihrer Größe, also relativ, mehr! Ihr Hunger und vor allem ihr Durst ist größer.
- Ihr Geschmacksempfinden ist viel feiner als das der »Großen«: scharfe Gewürze, zuviel Salz, zu kräftig geröstete Speisen sind für Kleinkinder ungeeignet.

Fazit: Kinder brauchen mehr Zeit als wir zum Essen – und sie brauchen eine Küche, die ihre speziellen Bedürfnisse berücksichtigt.

Was, wann, wieviel?

In der Tabelle auf Seite 21 können Sie ungefähr ablesen, wieviel Ihr Kind ganz konkret essen sollte. Denn wer weiß schon, wieviel Milch 600 mg Calcium enthält? Und wieviel Fleisch nötig ist, um den Eisenbedarf zu decken.
Nicht nur die Menge der Lebensmittel ist wichtig, auch die Art spielt eine Rolle. Hier die Empfehlungen, die das Forschungsinstitut für Kinderernährung zusammengestellt hat:

Milch und Milchprodukte

Mit Milch läßt sich die Calciumversorgung Ihres Kindes sicherstellen: frische, pasteurisierte Vollmilch (3,5% Fett) ist am günstigsten. Magermilch hat zu wenig Nährstoffe, H-Milch nur im äußersten Notfall einsetzen. Kakao oder Milchmixgetränke sind Ausweichmöglichkeiten für Kinder, die Milch strikt ablehnen. Sie enthalten aber meist erhebliche Mengen Zucker, die den Nährwert mindern. Die gesündere Alternative sind Sauermilcherzeugnisse – alle mit 3,5% Fettgehalt. Sie sind leicht verdaulich und wertvoll durch die rechtsdrehende Milchsäure, die unser Körper braucht. Mischen Sie selbst Honig oder Frucht-püree unter, wenn Ihr Kind es nicht pur mag.
Quark ist als gesunder Brotaufstrich oder Süßspeise beliebt. Bevorzugen Sie die Magerstufe und rühren Sie den Quark mit etwas Wasser und einigen Tropfen kaltgepreßtem, nicht raffiniertem Öl cremig. So ist er vom Nährwert her wertvoller als Sahnequark. Der Calciumbedarf kann mit Quark allein allerdings nicht gedeckt werden.
Käse eignet sich weit besser dazu: 50 g Schnittkäse können bei Kindern, die Milch ablehnen, den Calciumbedarf decken. Nachteil: der Salzgehalt ist ziemlich hoch. Doch gibt es heute in zunehmendem Maße Sorten mit niedrigem Salzgehalt – fragen Sie danach. Bevorzugen Sie Sorten mit mittlerer Fettstufe (40–45% Fett i. Tr.). Milder Camembert und Edelpilzkäse sind besonders reich an B-Vitaminen und günstiger als Frischkäsezubereitungen, die häufig noch Bindemittel und Gewürze enthalten. Verzichten sollten Sie auf Schmelzkäse. Er ist zu salzig und hat bei der Weiterverarbeitung an Nährwert verloren.

Eier

Sie enthalten viel Vitamine und Mineralstoffe, darunter Calcium und Eisen. Ihr Eiweiß ist besonders in Kombination mit Kartoffeln sehr hochwertig. Für Kinder, die kein Fleisch bekommen, ein guter Ersatz. In Aufläufen und Pfannengerichten erhalten die Kinder zwar meist schon genug Eier. Sie müssen aber keineswegs mit Eiern sparen, denn Kinder brauchen noch keine cholesterinarme Kost.

Kinder-Küche

Anhaltswerte für eine altersgerechte Lebensmittel-Versorgung

Nahrungsmittel	Maßeinheit	1 Jahr	2–3 Jahre	4–5 Jahre	Mengenbeispiele zum Vergleich
Flüssigkeit Getränke, dünne Suppen	ml (g)/Tag	400–600	500–750	550–850	1 Glas: 150–200 ml
Milch, Milchprodukte	ml (g)/Tag	350–400	350–400	350–450	1 Tasse: etwa 150 ml
Fleisch, Fleischwaren	g/Tag	30– 40	40– 50	60– 70	1 Frikadelle: 80–130 g
Eier	Stück/Woche	2	2	2– 3	
Butter, Margarine, Öle	g/Tag	15– 20	20– 25	25– 30	1 gestrichener Eßlöffel: etwa 10 g
Graubrot	g/Tag	40– 50	50– 70	70– 80	1 Scheibe: etwa 40 g
Kartoffeln	g/Tag	50– 60	60– 70	70– 90	1 kleine Kartoffel: 40–50 g
Gemüse	g/Tag	50–100	70–100	90–120	
frisches Obst	g/Tag	100–150	100–150	100–150	1 kleiner Apfel: etwa 100 g

Quelle: Forschungsinstitut für Kinderernährung, Dortmund

Fleisch

Es ist als Eiweißlieferant wichtig. Viel wichtiger jedoch ist seine Rolle bei der Versorgung mit Eisen, denn aus pflanzlichen Lebensmitteln läßt sich das Eisen wesentlich schlechter für unseren Körper nutzen. Doch kleine Portionen von etwa 50 g Fleisch, regelmäßig zubereitet, reichen völlig. Besonders eisenreich ist dunkles Fleisch, also von Rind und Lamm. Leber hat den Nachteil, durch Schwermetalle stärker belastet zu sein – hier ist es günstiger, Geflügelleber zu wählen. Schweinefleisch enthält erhebliche Mengen Vitamin B 1 – doch sollten Sie es aus sicherer Quelle kaufen, denn auch hier sind die Mastbedingungen nicht immer die besten. Mager, leicht verdaulich und sehr zart sind Geflügel- und Kaninchenfleisch. Fleisch ist Wurstwaren immer vorzuziehen, die sehr fettreich und zudem meist gepökelt und geräuchert sind. Im Rezeptteil finden Sie auf den Seiten 40 und 41 Alternativen zum üblichen Aufschnitt.

Fette

Ihr Wert richtet sich nach dem Gehalt an mehrfach ungesättigten Fettsäuren und Vitaminen. Hier haben die versteckten Fette in Wurst,

Fleisch und Käse nicht viel zu bieten. Ihr Anteil in der Nahrung sollte deshalb möglichst niedrig sein. Anders die sichtbaren Fette: je weniger verarbeitet – gemeint ist raffiniert – desto höher der Anteil der mehrfach ungesättigten Fettsäuren. Also: kaltgepreßte, nicht raffinierte Öle, aber auch gute Keimöle eignen sich für Salate, Butter und ungehärtete Margarine als Brotaufstrich. Beides können Sie zum Garen bei niedrigen Temperaturen oder beim Abschmecken verwenden. Wird das Fett bei der Zubereitung stark erhitzt, können Sie zu Butterschmalz und Keimöl greifen.

Brot & Getreideprodukte

Ein Blick auf die Nährwerttabelle überzeugt: Im Vollkorn sind viele Vitamine und Mineralstoffe enthalten. Und da Brot eine große Rolle in unserer Ernährung spielt, kann und soll Ihr Kind mit Vollkornprodukten bereits einen großen Teil seines Vitamin-B-Bedarfs decken. Bevorzugen Sie lockeres, saftiges Brot wie Graham- und Sonnenblumenbrot und achten Sie darauf, daß die Körner nicht zu grob sind: sonst werden die Bissen unzerkaut heruntergeschluckt und ihr Kind bekommt Blähungen. Übrigens: dunkle Farbe und körnige Struktur ist kein Beweis für ein Produkt aus vollem Korn – kaufen Sie deshalb nur bei absolut zuverlässigen Bäckern, im Reformhaus oder Bioladen, denn Testkäufe der Verbraucherzentralen ergaben, daß viele Bäkkereien »schummeln«.
Müsli ist die andere Möglichkeit, Kinder mit Vollkorn zu versorgen. Während rohes, eingeweichtes Getreide schwer verdaulich ist und erst gegen Ende des vierten Lebensjahres eingeführt werden kann, sind Flocken und Grützen für die Kleineren ideal.
Nudeln gibt es überall als Vollkornprodukte zu kaufen. Alle Mehlspeisen lassen sich einfach mit Vollkornmehl (mindestens Type 1700 oder das ganze, frisch gemahlene Korn) zubereiten.

Gemüse & Obst

Sie haben von allen Nahrungsmitteln die höchste »Nährstoffdichte«. Mit anderen Worten: sie enthalten pro Kalorie die meisten wertvollen Nährstoffe. Bei Obst gibt es im Kleinkindalter meist keine Probleme. Es ist angenehm süß und saftig, dazu einfach zu kauen. Geben Sie es Ihrem Kind möglichst roh – denn Kompott enthält viel Zucker, weniger Vitamine und ist kein Ersatz für frisches Obst. Waschen Sie es vorher aber immer äußerst gründlich und reiben Sie es möglichst mit einem sauberen Tuch ab, um Rückstände zu entfernen.
Gemüse essen ist dagegen meistens problematisch. Viele Kinder lehnen es wegen dem ausgeprägten Geschmack und der härteren Struktur ab. Da hilft nur bewußte Auswahl und Geduld. Bieten Sie in den ersten Jahren bevorzugt Karotten, Zucchini, Kürbis, Tomaten, Gurken, Champignons, Kohlrabi oder frische Erbsen an – am besten in saftiger Sauce. Tiefgefrorenes Gemüse naturell ist in jedem Fall eine gute Alternative zu frischer Ware, ja oft noch reicher an Nährstoffen. Wählen Sie schüttfähige Ware – dann können Sie Ihrem Kind auch einmal eine kleine Extraportion garen.
Beginnen Sie behutsam mit rohem Gemüse: Blattsalate, wie beispielsweise Eisberg- und Eichblattsalat; Möhren, rohe Paprika, Gurken und Tomaten knabbern auch Kleine gerne.

Kartoffeln

Sie sollen extra erwähnt werden, weil sie gerade in der Kinderernährung wichtig sind und wertvoller als Nudeln und Reis. Ihr Gehalt an pflanzlichem Eiweiß, Vitaminen, Mineralstoffen und Spurenelementen ist hoch. Sie sind bei fleischarmer Kost eine gute Alternative und können, frisch zubereitet, Gemüse teilweise ersetzen. Kaufen Sie Kartoffeln genauso bewußt ein wie Gemüse. Wählen Sie mehlig kochende Sorten für Püree und Puffer, dagegen festkochende für Salate und Pellkartoffeln.

Getränke

Einfaches Wasser ist der ideale Durstlöscher. Sie können es für Kleinkinder direkt aus der Leitung »zapfen« – aber immer zuvor laufen lassen, damit es nicht abgestanden ist. Mineralwasser ohne oder mit wenig Kohlensäure eignet sich ebenfalls. Wasser enthält viele wichtige Mineralstoffe wie Fluor und Jod, keine Kalorien und ist geschmacklich neutral. Eine gute Alternative sind ungesüßte Kräuter- und Früchtetees. Wenn Sie von Anfang an nicht süßen, den Tee mit etwas Süßholz aufbrühen und milde Sorten wie Hibiskus oder Apfel wählen, wird keiner den Zucker vermissen. Wenn Sie trotzdem süßen wollen, nehmen Sie 1 Teelöffel Honig auf 1 l Tee.
Milch und reine Frucht- oder Gemüsesäfte (ohne Zucker- oder Salzzusatz) sind ebenfalls wertvolle Nahrungsmittel – aber nicht nur Durstlöscher. Sie sind eher eine Zwischenmahlzeit! Gerade in der heißen Jahreszeit oder bei Fieber reichen sie als Durstlöscher nicht aus! Verzichten sollten Sie auf Fruchtsaftgetränke, Nektare und Limonade. Sie enthalten Kalorien, aber kaum wertvolle Inhaltsstoffe und sind für überflüssige Kilos verantwortlich.
Alternative: reinen Fruchtsaft im Verhältnis 1 : 1 mit Wasser verdünnen.

Schonend garen

Was kann beim Zubereiten alles falsch laufen?

Vitamine reagieren empfindlich auf Licht, Luft und Hitze. Deshalb Obst und Gemüse vor dem Putzen und Schneiden gründlich, aber zügig waschen, nie wässern und nicht geschält und zerkleinert lange herumstehen lassen. Nur so kurz und in sowenig Flüssigkeit wie möglich garen, dabei den Topf geschlossen lassen. Möglichst frisch zubereiten und nie warm halten.

Mineralstoffe sind robuster, doch können sie durch das Garwasser ausgeschwemmt werden. Auch hier gilt: in wenig Flüssigkeit garen und das Kochwasser immer mitverwenden.

Braune Krusten auf Gratins und in Pfannengerichten sehen appetitlich aus, doch sie können gefährlich sein. Denn hier bilden sich meistens krebserregende Stoffe. Außerdem sind der kräftige Geschmack und eine krosse Oberfläche für ein Kleinkind nicht ideal.

Rückstände sind in allen unseren Lebensmitteln enthalten. Die Schwermetalle Blei, Cadmium und Quecksilber lassen sich jedoch teilweise durch gründliches Waschen und anschließendes Abreiben, besonders bei Obst und Gemüse, entfernen. Schälen Sie alles, auch wenn dabei wertvolle Nährstoffe auf der Strecke bleiben. Die Schadstoffe reichern sich auf der Oberfläche an! Von Kohl und Blattgemüse immer die äußersten Blätter entfernen. Bei nitratreichem Kopfsalat Blattrippen entfernen: hier ist der Gehalt am höchsten. Auch Frühgemüse und Produkte aus dem Treibhaus sind eher nitratreich. Bevorzugen Sie deshalb für die Kinderküche kräftiges, ausgewachsenes Freilandgemüse – entsprechend der Jahreszeit. Bei tiefgefrorenem Gemüse werden die Nitratwerte ständig kontrolliert.
Garverfahren wie Dünsten, Dämpfen, der Schnellkochtopf und die Mikrowelle schonen Nährstoffe, wenn sorgfältig gearbeitet wird! Das heißt: frische Produkte verwenden, zügig vorbereiten und schnell ankochen, damit die Gartemperatur möglichst schnell erreicht ist, bei der schädliche Enzyme zerstört werden (etwa 70°).
Auf Fritieren und Braten sollten Sie verzichten. Es bilden sich zu viele Röststoffe und durch die große Hitze in Verbindung mit viel Fett sinkt der Nährwert pro Kilokalorie.
Hier die idealen Garverfahren auf einen Blick:

Dünsten heißt garen in wenig Flüssigkeit, eventuell mit etwas Fett. Ein gut schließender Deckel und schwache Hitzezufuhr sind dabei wichtig. Dann fließt der Saft, der beim Garen verdampft, wieder in den Topf und verhindert das Anbrennen.

Beim Dämpfen wird im heißen Dampf in einem Siebeinsatz über kochendem Wasser gegart. Dabei ist Fett überflüssig. Das Gargut bleibt besonders knackig – Nährstoffe werden kaum ausgeschwemmt.

Im Schnellkochtopf geht es auch ums Dämpfen – aber durch den erhöhten Druck werden höhere Temperaturen erreicht (etwa 103°–116°). Deshalb wird alles viel schneller gar. Doch müssen die Garzeiten genau eingehalten werden.

Die Mikrowelle ist kein »Muß«, aber eine Erleichterung, besonders beim Kochen kleiner Portionen, beim Auftauen und schonenden Erwärmen. Allen Gerüchten zum Trotz sind Mikrowellen nicht schädlich. Die Speisen garen von innen in kürzester Zeit. Auch hier müssen die Garzeiten exakt eingehalten und die Anweisungen der Hersteller beachtet werden!

Kinder essen mit den Augen

Kleinkinder werden ständig mit neuen Gerichten, Geschmacksrichtungen und Düften konfrontiert. Kein Wunder, daß sie nach dem äußeren Anschein urteilen. Sie essen, was appetitlich und »lecker« aussieht. Selbstverständlich hat kaum eine Mutter Zeit, stundenlang Radieschenröschen und Butterrosetten zu schnitzen. Einige Regeln reichen aus, um die Kinder auf den Geschmack zu bringen:

- Kinder lieben kein Kraut und Rüben auf dem Teller. Richten Sie Beilagen, Fleisch und Sauce getrennt an.
- Beim Eintopf sorgen ein Klecks Sauerrahm oder Kräuter für Abwechslung.
- Achten Sie auf die farbliche Zusammenstellung von Mahlzeiten; ein Klecks Sahne, Ketchup, bunte Früchte und farbiges Gemüse machen Appetit.
- Alles, was klein ist, finden Kinder instinktiv niedlich. Das beginnt bei kleinen Kartoffeln, Karotten, Kirschtomaten und endet bei Sternchennudeln. Oft genügen wenige Handgriffe (Bild 2. Umschlagseite).
- Obst und Gemüse haben eine natürliche Schönheit, für die Kinder sehr empfänglich sind. Nutzen Sie diese Attraktion aus: rohe Dips und gedünstetes Gemüse im Ganzen erleichtern oft den Einstieg zu neuen Genüssen.

Essen – ein Spiel?

Essen hat beim Kleinkind viel mit Lust und Spiel zu tun. Das sollten Sie miteinplanen. Wobei spielen nicht gleichzusetzen ist mit wild herumpantschen. Dadurch wird das Essen verdorben, das der kleine Manscher doch nicht mehr essen möchte.
Aber was ist dagegen einzuwenden, selber Sauce zu nehmen, selber umzurühren, zu dippen oder die Spaghetti – flutsch – in den Mund zu saugen? Diese kleinen Freiheiten machen Spaß, ohne den Appetit zu verderben.

- Lassen Sie Ihr Kind selber umrühren – und wenn es nur der Tropfen Sahne auf dem Gemüse ist. Lassen Sie es die Kartoffeln zerdrükken und das Butterbrot schmieren.
- Ab und zu sollte das Kind auch etwas mit den Fingern essen dürfen: Obstschnitze, Brotstückchen zum Sauce tunken, eine frisch gepellte Kartoffel mit Quark oder Schnittchen.

Suppenkaspar & Co.

Beim Baby haben Sie die Zügel noch fest in der Hand. Doch je älter ihr Kind wird, desto selbständiger wird es. Das genießen wir meist – doch gibt der fester werdende Wille uns so manche Nuß zu knacken. Unsere Geduld, unsere Nerven und unser Durchhaltevermögen werden auf eine harte Probe gestellt. Außerdem nehmen die Einflüsse der Umwelt zu. Auf dem Spielplatz und in Spielgruppen lernen unsere Kinder Altersgenossen mit anderen Gewohnheiten kennen, bei Besuchen wird etwas Neues ausprobiert. Im Kindergarten schließlich findet das Kind ein zweites Zuhause und entwickelt neue Gewohnheiten. Diese Einflüsse müssen wir integrieren und einkalkulieren, nicht etwa bekämpfen. Denn das ist ja schließlich nur der Anfang .... Hier ein paar hilfreiche Tips für typische Probleme.

Das Drama vor der Kasse

Jede Mutter weiß, wovon ich rede: Schokolade, Kaugummi und ähnliche Köstlichkeiten sind just da aufgebaut, wo sich Kinderaugen und -hände befinden und wo wir nicht weglaufen können – an der Kasse im Supermarkt nämlich! Es gehören schon gute Nerven dazu, angesichts mißbilligender Kunden und stirnrunzelnder Kassiererin nicht schwach zu werden – zumal sich die Kleinen schnell selbst bedienen.

- Wer einmal nachgibt, hat fast schon verloren, denn Kinder merken sich diese kleinen Siege – das gibt dem Geschrei Auftrieb.
- Konsequenz hat leider keinen Dauereffekt: Ihr Kind wird es immer wieder versuchen. Bleiben Sie stur, aber zeigen Sie Verständnis, denn die Situation ist ja wirklich hart für Ihren Sprößling. Trösten Sie ihn, erzählen Sie ihm, was Sie gleich zu Hause kochen, versuchen Sie ihn abzulenken. Schimpfen und Drohen hat wenig Sinn und trifft zudem den Falschen.
- Der eigentliche Adressat für Ihren Zorn sollte der Filialleiter (der natürlich auch nur tut, was die Marketing-Gesetze von ihm verlangen) sein. Vielleicht gelingt es in kinderreichen Vororten, einen Handel mit ihm abzuschließen. Wenn sich die Eltern einig sind und ein gutes Kundenpotential darstellen, können Sie durchaus versuchen, Einfluß zu nehmen. Der Werbeeffekt von kinderfreundlichen Einkaufsstätten gleicht wahrscheinlich die Umsatzeinbußen aus.
- Gehen Sie nie mit einem hungrigen Kind einkaufen. Sorgen Sie dafür, daß ein Apfel oder eine Banane zur Hand sind: dann ist die Versuchung nicht so groß.
- Besprechen Sie die Situation vorher – es wird wahrscheinlich trotzdem einen kleinen Kampf geben, doch läßt sich eben mit einem ruhigen, vorbereiteten Kind besser reden.

Essen gehen: Fast Food oder à la carte?

Traurig, aber wahr: Fast-Food-Ketten berücksichtigen die körperlichen Bedürfnisse unserer Kinder nicht – wohl aber die sozialen. Das bringt uns Eltern in die Zwickmühle: Sollen wir ungesunde Gewohnheiten schaffen oder uns auf Experimente in »normalen« Restaurants einlassen?

- Im Restaurant macht es sich bezahlt, wenn Sie auch zu Hause auf Benimm achten – die Kinder wissen Bescheid und fühlen sich wohl.
- Ein Klappkissen in der Hand und ein Riesenlätzchen in der Tasche sind die beste Ausrüstung für ein Restaurant. Auch gut: der eigene Löffel, denn die großen verursachen Maulsperre und die kleinen machen nicht satt ...
- Ein Lieblingsbilderbuch oder Mini-Puzzle hilft die Zeit des Wartens zu überbrücken.
- Etwas Brot zuvor wirkt Wunder. Auch Trinken

ist erlaubt. Doch bitten Sie um breite, standfeste Gläser.

• Nageln Sie während der Wartezeit Ihr Kind nicht auf dem Stuhl fest. Wenn es einen kleinen Rundgang machen darf, entsteht erst gar keine Ungeduld.

• Gartenlokale und Spezialitäten-Restaurants sind meist ausgesprochen kinderfreundlich. Sterne-Lokale sind dagegen sicher nicht der richtige Ort für Kinderbesuch.

Spaghetti, Pommes und sonst nichts?

Sie glauben kaum, wieviele Mütter dieses Problem haben; die Kinder entwickeln schon recht früh einseitige Vorlieben und lehnen andere Nahrung strikt ab. Zu Recht fragt sich die Mutter irgendwann: Bekommt das Kind noch alles, was sein Körper braucht?

Eine einseitige Ernährung ist gefährlich und versorgt die Kinder sicher nicht optimal. Außerdem sind kaum mehr gemeinsame Mahlzeiten mit der Familie oder im Freundeskreis möglich, denn das Kind muß ja seine Extra-Wurst bekommen. Das Forschungsinstitut für Kinderernährung schlägt vor, daß die Kinder auf Dauer drei Gerichte, die sie nicht mögen, abwählen können. So haben sie das Gefühl, mitzuentscheiden.

Entscheidend ist der Zeitpunkt, wann Sie diese Lösung anbieten. Hat sich Ihr Kind mit 4 Jahren schon auf seine »Diät« eingeschworen, ist es sicher schwer, es davon abzubringen. Sie sollten vom 1. Lebensjahr an Ihr Kind mit neuen Geschmäckern konfrontieren und nicht immer gleich »umfallen«, wenn sich der erste Widerstand regt. Das ist anstrengend, aber auf die Dauer doch leichter.

Was tun, wenn Sie diesen Zeitpunkt verpaßt haben?

• Lehnt Ihr Kind Gemüse ab, können sie mit frischen Kartoffeln und Obst für ausreichend Nährstoffe sorgen. Aber versuchen Sie es immer mal wieder mit neuen Gemüsesorten.

• Werden nur Nudeln gegessen, sollten Sie Vollkornprodukte wählen – zum Gewöhnen möglichst die hellen Hirsenudeln.

• Versuchen Sie Fertigprodukte durch gesunde Alternativen zu ersetzen: Ketchup, Konfitüre, Puddings und Fruchtjoghurt lassen sich frisch und gesund selber zubereiten – zur Not anfangs in die Fertigpackungen füllen. Dann wird's schneller akzeptiert.

• Wird Milch abgelehnt, versuchen Sie es mit Joghurt, Milchshake, Kakao oder Kefir – allerdings alle mit 3,5% Fett und möglichst wenig Zucker.

• Auf eine eiserne Regel sollten Sie, wenn möglich, bestehen: Ein Häppchen muß mindestens probiert werden.

Fresser werden nicht geboren . . .

. . . sondern gemacht! Denn von Natur aus hat jedes Kind ein Gefühl für Hunger und Sättigung. Hat Ihr Kind ein normales Gewicht, müssen Sie es nicht zum Essen nötigen. Ruhigere Kinder benötigen erheblich weniger Energie als kleine Quirle. Mütter bemerken oft zu spät, wenn ihr Kind zuviel Speck ansetzt. Was Sie gegen Übergewicht tun können, lesen Sie auf Seite 33. Doch wie kann man dem »Überappetit« vorbeugen?

• Geben Sie ihrem Kind lieber kleine Portionen auf den Teller. Es besteht dann nicht der Zwang, zuviel zu essen, nur damit der Teller leer ist.

• Lassen Sie sich und dem Kind Zeit. Bei hastigem Schlingen bemerkt das Kind oft zu spät, daß es eigentlich schon satt war.

• Essen sollte keine ständige Beschäftigung, sondern an Mahlzeiten gebunden sein. Hier ist Ihr Beispiel wichtig!
• Benutzen Sie Essen nicht, um Ihr Kind ruhigzustellen!
• Lassen Sie es trinken – aber am besten nur Wasser oder Tee gegen den Durst.
• Loben Sie es nicht ständig für's Essen – denn das sollte keine Leistung sein.

Meine Suppe eß' ich nicht!

Dieses Problem ist im Kleinkindalter ebenso häufig. Das Kind mag nicht essen, stochert appetitlos im Teller herum und braucht Ewigkeiten, bis es seine Mini-Portionen gegessen hat. Gedeiht es dabei bestens, gibt es keinen Grund zur Aufregung. Doch ist der schlechte Esser überschlank, häufig krank, hypernervös und schwächlich, sollten Sie sich als Mutter mit dem Eß-Drama nicht abfinden. Hier ein paar Tricks:
• Lassen Sie es selber auflegen – dann hat es nicht das Gefühl, gezwungen zu werden.
• Beobachten Sie, was am langsamen Essen schuld sein kann: Müdigkeit, Nervosität, abgelenkt sein, Kaufaulheit. Wenn Sie den Ursachen auf die Spur kommen, können Sie Ihrem Kind am besten helfen.
• Ein Warmhalteteller löst zumindest ein Problem: Das Essen wird nicht mehr kalt.
• Verbieten Sie Ihrem Kind nicht das Trinken. Oft rutscht das Essen wirklich besser, wenn zwischendurch die Kehle gespült wird.
• Auch Saucen oder ein Sahneklecks helfen dem Kind beim Schlucken und Kauen.
• Bauen Sie spielerische Elemente ins Essen ein: das Flugzeug, das im Mund landen will . . . .; der Löffel der spricht: wer von mir ißt, wird stark . . .; das Männchen im Bauch, das immer mehr haben will . . .; und die kleinen Kaninchen, die aus ihrem Stall direkt in den Mund hüpfen. Der Phantasie sind keine Grenzen gesetzt.
• Beteiligen Sie Ihr Kind bei der Entscheidung, »was es heute gibt«. Erklären Sie ihm beim Einkauf, was daraus gekocht wird. Lassen Sie es ein wenig beim Kochen helfen. Ein toller Trick für's Abendbrot: im Kinderzimmer von Kindergeschirr essen und sich dazu einladen lassen. Das imponiert den Kleinen ungeheuer!
• Lassen Sie trotz der Bemühungen das Essen nicht zum Thema Nr. 1 werden. Und hüten Sie sich vor Machtkämpfen rund um den Teller. Da ziehen wir Großen den Kürzeren!
• Gesellschaft beim Essen wirkt Wunder! Laden Sie ab und zu Kindergartenfreunde zum Essen ein oder sorgen Sie für Geschwister!

Kind, trink nicht soviel!

. . . das haben wir früher zur Genüge gehört. Richtig ist: Wenn sich das Kind vorwiegend von gezuckerten Fruchtsäften ernährt, auf Kosten von gesünderen Lebensmitteln, führt das zu Mangelerscheinungen. Doch wenn es zuckerarme Tees, Milch und Wasser trinkt, können Sie ihm soviel geben, wie es Durst hat. Denn Kinder brauchen wirklich viel Flüssigkeit und haben ein gesundes Gefühl dafür. Verbieten Sie deshalb auch nicht grundsätzlich das Trinken beim Essen.
• Bei Beeren, Trauben und Steinobst allerdings sollten Sie nicht gleichzeitig trinken lassen. Diese kleinen Früchte haben im Verhältnis zum Gewicht eine größere Oberfläche als große Früchte. Da gerade außen Keime und Bakterien sitzen, gelangen auf diesem Wege relativ große Mengen an Bakterien in den Magen. Wenn durch viel Flüssigkeit gleichzeitig die Magensäure stark verdünnt wird, kommt es zu Gärprozessen und Blähungen.

• Verbieten Sie nicht grundsätzlich das Trinken, bevor das Kind zu Bett geht in der Hoffnung, daß Ihr Kind dann schneller nachts sauber wird. Das ist ein Trugschluß!

• Manchmal vergessen Kinder beim Spiel regelrecht das Trinken. Dann dürfen Sie ihm ruhig zwischendurch etwas anbieten.

Übung macht den Meister

Kleinkinder müssen nicht nur lernen – sie wollen es auch. Und zwar mit zunehmender Energie. Dabei kennen sie kaum Grenzen – und das ist gut so (sonst würden sie bald erschöpft aufgeben). Für die Eltern bedeutet das aber meist Mehrarbeit, Geduld und viel Zeit. Der Befreiungsdrang kann sogar gefährlich werden, wenn er sich in der Küche abspielt. Wo sollten wir also Grenzen ziehen?

• Überall da, wo akute Gefahr droht: Messer, Schere, Feuer . . . Doch auch hier nicht grundsätzlich abblocken: Ein vierjähriges Kind kann unter Aufsicht durchaus mit einem Kindermesser hantieren. Nur so lernt es den richtigen Umgang damit. Denn irgendwann wird es ein Messer unbeobachtet erwischen – dann ist es gut, es weiß damit umzugehen. Dagegen sollten Herd, Backofen, kochendes Essen tabu sein. Erst gegen Ende der Kindergartenzeit können Sie überlegen, einen Puppenherd anzuschaffen und mit dem Kind zusammen zu kochen. Auch da kann es sich verbrennen, doch nie in lebensgefährlichem Maße.

• Mithelfen lassen ist überhaupt das Zaubermittel bei großem Tatendrang. Wenn Ihr Sprößling weiß, daß er auch einmal zum Zuge kommt, wartet er auch einen Moment ab und hört auf Erklärungen. Außerdem haben Sie die Aktivitäten dann unter Kontrolle.

• Geben Sie Ihrem Kind immer wieder eine Chance. Entmutigen Sie es nicht bei jedem Klecks auf dem Tischtuch, bei jedem umgeworfenen Glas – das gehört nun einmal dazu. Lieber ein abwaschbares Set unterlegen, das Glas nur halbvoll einschenken und einsatzbereit bleiben.

• Wenn Ihr Kind Interesse hat, können Sie ruhig kleine Kochstunden einlegen. Mit Müsli, Salaten oder Quarkspeisen klappt das schon ganz toll und kann in pflegeleichter Umgebung stattfinden.

Wenn der Eierlöffel durch die Luft segelt . . .

. . . geht's in der Regel nicht mehr ums Können, sondern um knallharte Provokation. Und wenn Ihr Kind mit den Händen in die Spaghettischüssel greift, im Salat wühlt und Riesenportionen auf seinem Teller zermanscht, dann kommen Sie mit einfühlendem Verständnis nicht mehr weiter.

• Trotzdem: Versuchen Sie der Aggressivität auf den Grund zu gehen. Denn Verstehen hilft Ihnen und dem Kind in jedem Fall und schützt Sie vor Wut und Zorn.

• Verstehen heißt aber nicht immer tolerieren! Machen Sie Ihrem Kind klar, daß sein Verhalten den anderen am Tisch den Appetit verdirbt und eine Mißachtung der Küchenarbeit bedeutet. Das kann es durchaus verstehen.

• Machen Sie ihm klar, daß es allein essen muß, wenn es noch nicht »gesellschaftsfähig« ist. Und ziehen Sie das auch einmal durch. Das wirkt Wunder!

• Will es schon gerne groß sein, verhält sich aber nicht so, dann hilft sicher die Baby-Masche. Kochen Sie ihm seinen fast vergessenen Babybrei und setzen Sie ihm sein erstes Schüsselchen mit Löffel vor. Denn wer nicht mitmachen will bei der Runde der Großen – ist eben noch ein Baby.

Das süße Besucher-Problem

Würden meine Kinder alle Schokoladentafeln, Gummibärchen und Lollis vertilgen, die sie so in unserem gastfreien Hause von lieben Besuchern zugesteckt bekommen – dann wäre damit sicher eine Hauptmahlzeit überflüssig. Andererseits meinen es die meisten ja wirklich lieb. Was tun?

• In sicherer Höhe hat jedes Kind eine Schublade – dort hinein wandern die Schätze. Zuvor darf aber durchaus ein Stück davon genascht werden. In der Folge gilt: aus den Augen, aus dem Sinn. Der süße Inhalt schwindet auch so mit der Zeit: als Betthupferl für die netten Gäste oder die armen Eltern; er wird zum Schokoladenkuchen eingeschmolzen oder wandert einfach in die Tonne. Ganz leer ist die Lade allerdings nie – und dies Bewußtsein reicht den Kindern schon.

• Eine andere Lösung: Die Schublade ist jeden Sonntag nach dem Frühstück zum »Krümeln« freigegeben. Nach dem Motto: Lieber einmal richtig reinhauen und danach die Zähne putzen als ständig lutschen, kauen, knabbern!

• Manche Kinder lehnen bestimmte Gaben durchaus ab (unser Großer haßt Schokolade!). Versuchen Sie nicht, aus Anstand mißmutige Kommentare der Kleinen abzublocken. Das wirkt nachhaltig – und Sie sind aus dem Schneider.

• Bei häufigen Besuchen, beispielsweise von den Großeltern, kommen Sie um ein klärendes Gespräch nicht herum. Bieten Sie Alternativen an wie Joghurts, Seifenblasen, Luftballons oder Obst.

Die ersten Feste ... aber ohne Bauchweh!

Irgendwann zwischen dem 3. und 5. Geburtstag wird die Familienfeier zum Kinderfest. Für Ihr Kind ist das ganz wichtig. Es will einmal Mittelpunkt sein im Kreis der Freunde und zu den wieder etwas Größeren zählen. Es entfaltet sozusagen erste gesellschaftliche Aktivitäten. Unterstützen Sie Ihr Kind dabei! Es ist ganz wichtig, daß seine Freunde zu Besuch kommen, daß es außerhalb der organisierten Kindergartenstunden lernt, Freundschaften aufzubauen. Am Ende der Kleinkindzeit wird es selber seine Freunde anrufen und sich zum Spielen verabreden! Sie sorgen dabei für die Rahmenbedingungen – und das betrifft auch das Essen.

• Es muß nicht immer süß sein. Pikantes Gebäck ist oft der Renner bei Geburtstagen.

• Richten Sie die Speisen auf einem Büffet an und sorgen Sie dafür, daß sie aus der Hand oder mit Löffeln gegessen werden können.

• Toll, wenn das Essen selbst zum Spaß wird. Beim Dippen, Grillen und Angeln schmeckts nochmal so gut! Und wenn die Brötchen mit der Eisenbahn vorgefahren werden, sagt sicher keiner nein.

• Streichen Sie Cola oder Limonade: Milch, Kakao, Früchtetees oder gute Säfte ersparen Ihren kleinen Gästen Magengrimmen und Durchfall.

• Lassen Sie die Kinder erst spielen, dann – wenn sie hungrig und durstig sind – essen und zum Abschluß wieder spielen. Dann kommen Sie auch besser über die Runden!

• Beteiligen Sie Ihr Kind bei der Planung – es weiß, was gerade »Mode« ist und findet es sehr wichtig, daß seine Gäste zufrieden sind. Aber lassen Sie sich bitte nicht zu einem Besuch bei einem Hamburger-Restaurant überreden. Das ist am Ende doch nicht so aufregend wie unsere Rezepte auf den Seiten 58 bis 61.

Der Kindergarten erzieht mit!

Die ersten Würden eines Kindergartenkindes sind die neue Tasche, die Trinkflasche, das Turnzeug und seine Malsachen. Die Tasche signalisiert täglich: Ich gehöre jetzt auch dazu. Machen Sie das Ritual mit und wählen Sie die Tasche gemeinsam aus. Vielleicht entscheiden Sie sich jetzt schon für eine Schultertasche oder einen Rucksack. So hat Ihr Kind beide Hände frei und auf dem Rücken trägt es sich am leichtesten. Wählen Sie ein leichtes, abwaschbares Material – denn so mancher Rest wird darin zermatscht. Die Trinkflasche sollte aus Plastik mit extra Schraubkappe und Becher sein. Prüfen Sie, ob sie auch wirklich dicht ist!

• Doch nun zum Inhalt: Geben Sie immer etwas Obst, ein kleines Vollkornbutterbrot und Milch mit. Diese Grundzusammensetzung können Sie natürlich variieren. Die Verpackung muß hygienisch sein – das Essen sollte auch nach 2 Stunden noch appetitlich aussehen. Machen Sie vor allem nicht zu große Portionen zurecht!

• Es ist ganz wichtig, daß die Eßgewohnheiten in der Gruppe einheitlich sind. Wenn Ihr Kind täglich mit Milchschnitte, Mohrenkopf und Limonade konfrontiert wird, hilft Ihr gutes Beispiel nicht mehr viel. Sprechen Sie mit der Erzieherin und diskutieren Sie das Thema auf dem Elternabend. In fast jedem Kindergarten gibt es ein Neurodermitis-Kind, einen Allergiker oder einen Hyperaktiven. Auf diese Probleme sollten die übrigen Eltern Rücksicht nehmen. Stellen Sie eine Negativ-Liste auf: Bonbons, Schokolade, süße Getränke, abgepackte Fertigprodukte sollten tabu sein. Wahrscheinlich werden die meisten Eltern durch solch ein Abkommen erleichtert sein.

• Besteht ein starkes Interesse an gesunder Kinderernährung, können Sie in mehreren Bundesländern auch eine vertiefende Beratung organisieren. Sprechen Sie mit der Erzieherin darüber. Sie weiß über entsprechende Angebote Bescheid und kann sie anfordern. In Baden-Württemberg kommt auf Wunsch eine Fachfrau für Kinderernährung in die Kindergärten.

• Nicht nur das »Was« – auch das »Wie« ist im Kindergarten von Bedeutung. Es gibt das »freie Frühstück«: Der Tisch ist jederzeit gedeckt und die Kinder entscheiden selbst, wann sie essen wollen. Im Prinzip eine gute Möglichkeit, selbständig zu werden. Das funktioniert aber nur, wenn die Erzieherin die Gruppe gut kennt und darauf achtet, daß wirklich jedes Kind einmal zum Zuge kommt, nicht Unsinn getrieben wird und keiner alleine essen muß. Das ist wichtig, wenn Kinder zu unterschiedlichen Zeiten, teilweise mit leerem Magen, gebracht werden.

In vielen Kindergärten wird das feste, gemeinsame Frühstück praktiziert. Das ist nur dann sinnvoll, wenn alle Kinder zur gleichen Zeit Appetit haben. Ein gutes Frühstück zu Hause und eine annähernd gleiche Abgabezeit im Kindergarten sind dafür Voraussetzung. Sprechen Sie beim Elternabend über eine sinnvolle Lösung für Ihre Gruppe.

Was kochen für kranke Kinder?

Ob eine vorübergehende Infektion oder psychisch beeinflußte chronische Krankheiten – mit einer sinnvollen Ernährung lassen sich die Widerstandskräfte Ihres Kindes unterstützen. Hier bekommen Sie die nötigen Grundinformationen.

Hohes Fieber, dicker Hals: nichts schmeckt mehr!

Klar: Wenn der Körper mit den »Krankheitstierchen« kämpft, hat er keine Zeit, sich um Hunger und Sättigung zu kümmern. In der heißen Phase des ersten Fiebers ist das Trinken sehr wichtig:

- Ein fieberndes Kind hat einen erhöhten Flüssigkeitsbedarf, ist aber oft zu schwach zum Trinken. Sorgen Sie dafür, daß ständig ein Getränk bereitsteht und flößen Sie ihm stündlich etwas ein. Neben Tee (Rezept Seite 67) ist Zitronenwasser oder frisch gepreßter, verdünnter Orangensaft günstig.
- Sind Hals und Rachen verschleimt, sollten Sie zunächst keine Milch geben, denn die erhöht die Schleimbildung.
- 1–2 Tage sollte der Körper nicht mit zuviel Nahrung belastet werden. Zwingen Sie Ihr Kind nicht zum Essen. Doch wenn die Krankheit langwieriger ist, sollten Sie es langsam wieder zum Essen bringen. Auch während der Rekonvaleszenz ist eine Aufbaukost wichtig.
- Gerade bei Erkrankungen der Atmungsorgane will nichts mehr rutschen. Kochen Sie deshalb konzentrierte Kost als Süppchen oder Brei. Das versorgt gut mit Flüssigkeit und strengt das Kind beim Essen wenig an. Frische Zutaten (Kartoffeln, Gemüse), vollwertige Kohlenhydrate (Getreideflocken), Eiweiß (Ei, püriertes Fleisch) und Fett (Butter, Sahne, Öl, Käse) lassen sich gut kombinieren (Rezepte Seite 67).
- Ergänzen Sie dieses »Kraftfutter« mit frischem Obst oder schonend zubereitetem Kompott, das immer für das Kind griffbereit zurechtgemacht sein sollte. Auch Joghurt mit Obstmus und Sahne gestreckt, erfrischt. Nicht zu vergessen die geliebte Eiscreme, alles kühlende, leicht verdauliche Speisen.
- Versuchen Sie, die kleinsten Wünsche aufzuspüren, richten Sie die Speisen appetitlich an, füttern Sie auch größere Kinder, nehmen Sie sich so richtig Zeit, dann wird sich der kleine Kranke schnell erholen.
- Vermeiden Sie Süßigkeiten, die nur füllen, dem Körper aber Nährstoffe entziehen, scharf gewürzte und trockene Gerichte sowie eine Kost, die viel Kauarbeit erfordert, und alles, was der kleine Patient sowieso nicht mag ....

Wenn das Kind nichts bei sich behält

Durchfall und Erbrechen kommen bei kleinen Kindern häufiger vor. Oft handelt es sich um eine spontane Reaktion des Körpers. Das Kind hat zuviel oder etwas Falsches gegessen, es hat sich aufgeregt oder überanstrengt, oder es ist überempfindlich gegen bestimmte Nahrungsbestandteile. Versuchen Sie, der Ursache auf die Spur zu kommen, das erspart Ihnen Sorgen. In diesen Fällen reicht es, 1–2 Stunden nichts zu essen zu geben und nur bei Durst Tee oder verdünnte, milde Fruchtsäfte zu gestatten. Sie merken dann selber, ob das Kind wieder »fit« ist. Geben Sie ihm als erste Mahlzeit einen Zwieback zu knabbern. Achten Sie am folgenden Tag auf eine leicht verdauliche, fettarme Kost, dann ist die Affaire schnell vorbei. Anders, wenn es sich um eine länger andauernde Erkrankung handelt. Der Körper verliert dann zu schnell Flüssigkeit und Salze. Sowohl beim Durchfall als auch beim Erbrechen kann ein Kind ganz schnell vom sogenannten »Austrocknen« bedroht sein.

Was kochen für kranke Kinder?

• Zunächst darf Ihr Kind nichts mehr essen, denn sein Verdauungssystem muß erst einmal zur Ruhe kommen.

• Der Verlust an Flüssigkeit und Salzen muß ersetzt werden. Geben Sie ihrem Kind einen Magen-Darm Tee (Rezept Seite 67) oder kaufen Sie in der Apotheke Oral-Pädon, das mit Wasser aufgebrüht die ideale Zusammensetzung hat. Nachts sollte das Kind immer trinken können. Stellen Sie den Tee in Reichweite zurecht. Gibt Ihr Kind auch diesen Tee von sich, müssen Sie unbedingt den Arzt einschalten.

• Stabilisiert sich der Zustand, darf der Kranke am zweiten Tag geriebenen Apfel essen. Das enthaltene Pektin bindet das Wasser im Darm und stopft daher.

• Im Laufe des 2. oder 3. Tages – je nach Befinden – können Sie langsam auf Reis- oder Haferschleim umstellen.

• Danach können Sie langsam auf Schonkost umstellen: pürierte Kartoffeln und Möhren, Bananenmus, altbackenes Weißbrot und Quark sind zu Beginn am besten verträglich.

• Übrigens: Kurzfristig wirkt eine vorübergehende »Diät« aus Coca-Cola und Salzstangen stopfend. Sehr schnell werden die verlorenen Salze und Flüssigkeit dadurch ergänzt. Der Zucker in der Cola wirkt gleichzeitig aufbauend. Aber greifen Sie zu koffeinfreien Colagetränken und rühren Sie die Kohlensäure zuvor heraus.

Was tun bei Verstopfung?

Bei manchen Kindern ist Verstopfung von klein auf ein ständiges Problem, bei anderen tritt es plötzlich auf. Es kann ganz harmlos beginnen: Das Kind möchte lieber weiterspielen, unterdrückt den Stuhlgang – der Stuhl wird härter und es bildet sich ein regelrechter Pfropfen. Wenn das Kind dann endlich aufs Klo geht, ist das oft schmerzhaft, dabei können sich kleinste Verletzungen bilden. In der Folge wird es immer mehr den Stuhl zurückhalten.
Im anderen Fall ist eine Krankheit mit viel Liegen, eine Nahrungsumstellung oder auch nur ein schokoladenreiches Fest wie Weihnachten Auslöser für die Verstopfung. In allen Fällen muß zunächst der Stuhl weicher werden, damit das Kind die Angst vor dem Klo wieder verliert.

• Geben Sie Ihrem Kind nüchtern schon 1 Glas Wasser mit 1 Eßlöffel Milchzucker.

• Zwischendurch darf es Dörrpflaumen oder getrocknete Apfelringe knabbern, immer wenn es trinkt, sollte es zuvor einen Teelöffel Leinsamen oder Weizenkleie schlucken.

• Lassen Sie konzentrierte Nahrung wie beispielweise Schokolade, Zucker oder Fett weg, bevorzugen Sie ballaststoffhaltige Kost wie Vollkornprodukte, Müsli oder Rohkost. Auch Sauermilchprodukte regen die Verdauung in milder Weise an.

• Achten Sie darauf, daß sich das Kind viel bewegt, springt, hopst oder turnt. Das regt ebenfalls die Verdauung an.

• Ganz wichtig: Das Kind sollte auf die Toilette gehen, bevor es dringend muß – ganz in Ruhe sollte es sein Geschäft erledigen können.

• In keinem Fall dem Kind Abführmittel geben. Das kann nur der Arzt entscheiden – und in keinem Fall darf dies eine Dauerlösung sein, sonst gehen dem Körper viele wertvolle Nährstoffe verloren und die Darmfunktion wird dauerhaft geschädigt!

Für magere Hänflinge

Erkrankungen wie Magersucht, Diabetes oder Zöliakie (Unverträglichkeit von Klebereiweiß im Weizenmehl), die auch Ursache von Untergewicht sein können, gehören in die Hand eines Kinderarztes. Hier soll die Rede sein von den nervösen, mageren Kindern, die nie Appetit haben. Und wenn, dann nur auf »ungesunde« Sachen. Die deshalb häufig krank sind und mit ihren Artgenossen körperlich und irgendwann auch geistig nicht mithalten können. Was können wir tun, um den mageren Hänflingen wieder auf die Beine zu helfen?

• Bekommt das Kind zwischendurch vielleicht Süßigkeiten oder Knabberzeug – einfach weil jeder froh ist, daß es überhaupt etwas ißt? Das nimmt den Appetit, ohne wirklich zu nähren. Deshalb schlagen Sie lieber Wünsche kurz vor dem Essen ab. Das hat nicht nur den Effekt, daß das Kind mit Appetit zu Tisch geht.

• Gewisse Begrenzungen und Einschränkungen können dem Kind auch eine neue Sicht des Essens vermitteln: Essen ist dann nicht etwas, was in beliebiger Menge zu beliebiger Zeit verfügbar ist, sondern eine durchaus limitierte, wertvolle Sache. Das Kind ist nicht nur passiver Empfänger, der sich lediglich durch's Nein-Sagen aus dem Angebot wählt, sondern es kann eigene Aktivitäten entfalten. Bei Therapien wird dieses Konzept bereits erfolgreich eingesetzt.

• Also: lieber kleine Portionen auf den Teller, die das Kind nicht »erschlagen«, und die es erfahrungsgemäß bewältigen kann (Erfolgserlebnis!). Nachnehmen kann es sich dann immer noch.

• Das Kind mit der Zeit selber nehmen lassen. Auch das fördert die Selbstbestimmung. Und der kleine Esser hat die Chance, weniger von dem zu nehmen, was er absolut nicht mag.

• Einerseits sollten Sie darauf achten, daß ausreichend Nährstoffe aufgenommen werden, andererseits versuchen, das Essen kalorienreicher zu machen. Das können sie unauffällig mit Sahne, Butter, gutem Öl, Vollfettkäse, Nüssen und Trockenfrüchten bewerkstelligen. Dies alles beansprucht wenig Platz im Magen, liefert aber viel Energie. Auch die Getränke können Sie anreichern. Aber: Schmecken muß es dem Kind natürlich.

• Auch hier gilt: Hübsch zurechtgemachte Teller wecken am besten den Appetit.

• Mehrere kleine Mahlzeiten sind günstiger als drei große, denn der Magen ist noch klein!

• Kinder, die wenig essen, müssen mehr trinken, denn es entgeht ihnen ja die Flüssigkeit, die in der festen Kost noch enthalten ist.

• Trotz allem: Terrorisieren Sie Ihr Kind nicht mit dem Teller – und lassen Sie sich nicht terrorisieren. Denn die nervösen, dünnen Kinder sind gleichzeitig sehr sensibel. Eine entspannte, ruhige Atmosphäre ist deshalb sehr wichtig für sie.

• Wenn Ihre Bemühungen um die Gewichtszunahme bei Ihrem Kind Erfolg haben sollten, müssen Sie rechtzeitig auf »normal« umschalten. So manches ganz magere Kindergartenkind wurde zum dicken Schulkind, weil die Mutter den richtigen Zeitpunkt verpaßt hat.

Wenn Ihr Kind zu dick ist

Anhand der Tabelle auf Seite 11 können Sie ungefähr überprüfen, ob Ihr Kind erheblich über dem Normalgewicht liegt. Doch auch Speckröllchen beim Bücken und Ringe um die Hüften sind Alarmzeichen. Lassen Sie Ihr Kind nicht zum Dickerchen werden – unternehmen Sie vorher etwas.

• Eine Reduktionsdiät sollte zuvor immer mit dem Arzt abgesprochen werden. Er sollte die Kur mit Untersuchungen begleiten.

• Insgesamt muß der Kaloriengehalt der Mahlzeiten gesenkt werden, doch gleichzeitig müssen ausreichend Eiweiß, Mineralstoffe, Vitamine und Spurenelemente zugeführt werden. Das heißt an den berühmten leeren Kohlenhydraten und vor allem an Fett sparen. Fettarme Milchprodukte in jeder Form, Gemüse und Obst – vor allem als Rohkost – Magerfisch, mageres Fleisch und Vollkornbrot in Maßen, Kartoffeln, aber weniger Reis und Nudeln dürfen auf dem Speisezettel stehen.

• Ganz wichtig: Es darf nicht nach Diät aussehen. Sorgen Sie mit grünem Salat und Obst für einen vollen Teller und richten Sie die Speisen hübsch an. Vor allem sollte das Kind keine Extra-Kost bekommen. Wandeln Sie das Familiengericht mager ab – oder »diäten« Sie mit.

• Sprechen Sie mit Ihrem Kind über das Problem, legen Sie eine Gewichtskurve an und wecken Sie seinen Ehrgeiz. Denn erfolgreich wird die Kur nur, wenn Ihr Kind auch mitmachen will.

• Regen Sie es zu Sport und anderen körperlichen Aktivitäten an. Das hilft die Pfunde abzubauen und erhöht die Motivation.

Allergien und Lebensmittelunverträglichkeiten

Die Anlage, auf ein bestimmtes Allergen zu reagieren, hat fast jeder von uns. Die Chance mit ihm in Berührung zu kommen, steigt mit den Reizen, die wir aufnehmen – über Luft, Lebensmittel, Berührung. Ich möchte mich hier auf die Lebensmittel beschränken. Es ist kein Wunder, daß Allergien und Unverträglichkeiten gegen bestimmte Speisen bei Kindern zunehmen, denn sie werden mit so vielen unterschiedlichen Nahrungsmitteln konfrontiert. Die Gemüse- und Obstpalette ist riesig geworden, neue Gewürze tauchen auf, mit alternativen Gerichten auch eine Vielzahl von Nüssen und Körnern, und Fertigprodukte steuern Zusatzstoffe bei.

Die häufigsten Allergene sind übrigens ganz »normale« Stoffe, nämlich Milcheiweiß und Ei!

• Zunächst müssen Sie herausfinden, welcher Stoff bei Ihrem Kind allergische Symptome auslöst. Denn wenn Sie in Zukunft dieses Allergen meiden, ist das Problem gelöst.

• Die Reformhäuser bieten eine Basisdiät an, bei der mit einer allergenarmen Grundkost begonnen und dann langsam aufgebaut wird, bis Sie auf den bewußten Stoff treffen. Dies wurde möglich, weil die Hersteller ihre Rezepturen ausnahmslos offenlegten (Listen mit milcheiweiß- beziehungsweise eiweißfreien Produkten liegen in den Geschäften vor). Das hilft bei der Suche.

• Ist der Fall zu kompliziert und sind die Beschwerden erheblich, müssen Sie im Extremfall eine Klinik aufsuchen, die auf Allergien spezialisiert ist. Adressen bekommen Sie beim Allergiker- und Asthmatikerbund e. V., Hindenburgstr. 110, 4050 Mönchengladbach.

• Zu Ihrer Beruhigung: Lebensmittelallergien und -unverträglichkeiten verschwinden häufig wieder nach einiger Zeit. Probieren Sie nach 1–2 Jahren immer wieder mal aus, ob die Unverträglichkeit noch vorhanden ist.

• Die Heftigkeit allergischer Symptome ist vom Allgemeinzustand abhängig – aber die Allergie an sich ist keine psychische Erkrankung. Wenn Sie das Allergen meiden, ist das Kind gesund.

Spaghetti stehen bei Kindern hoch im Kurs. Kombiniert mit frischen Saucen werden sie die kleinen Nudelfans bestimmt begeistern. Ein weiteres Plus: So bekommt Ihr Kind alles, was es braucht. Das Rezept für Spaghetti mit gesunden Saucen finden Sie auf den Seiten 50, 51 und 52. ▷

Neurodermitis

Dieses juckende Ekzem ist eine erbliche Erkrankung, die auch abhängig ist von psychischen Einflüssen. Es hat sich eine »Diät« für Neurodermitis-Kinder bewährt (Gelsenkirchener Behandlungsverfahren, Prof. Stemmann).

• Es handelt sich im Prinzip um eine Vollwertkost: Raffinierte Lebensmittel mit Zucker und Weißmehl und alle Fertigprodukte wurden vom Speiseplan gestrichen. An Obst gibt es nur Apfel, Birne und Banane. An Gemüse sind Kartoffeln, Erbsen, Möhren, Soja, Blumenkohl, Kohlrabi, Rosen-, Rot- und Weißkohl, Broccoli, Spinat, Bohnen, Schlangengurken, Blatt-, Endivien- und Eissalat erlaubt. Sauerrahmbutter, trinksauermilchfreie Margarine, kalt gepreßtes nicht raffiniertes Pflanzenöl liefern das nötige Fett. Fleisch von Rind, Kalb und Geflügel sowie 1–2 mal die Woche Seefisch, der reich an Omega-3-Fettsäuren ist, beeinflussen die Neurodermitis positiv. Bevorzugen Sie an Getreide Weizen, Roggen, Gerste, Hafer, Hirse, Leinsamen, Mais und Grünkern. Ersetzen Sie Brot durch milchfreies Weizen- und Roggenmischbrot sowie Roggenbrot. An Getränken eignen sich zuckerfreie Sojamilch, Infirmarius-Rovit-Haut- und Blutreinigungstee, stilles Wasser und Beruhigungstee abends.

• Es gibt viele Kinder, bei denen die Symptome nur leicht und vorübergehend sind – so bei unserem ältesten Sohn. Hier sollte möglichst die Erkrankung nicht ins Bewußtsein des Kindes gerückt werden. Denn solange eine strikte Diät eine stärkere Belastung für das Kind darstellt als die Erkrankung selber, sollten Sie darauf verzichten. In vielen Fällen erledigt sich das Problem von selbst.

• Informationen bekommen Sie vom Bundesverband Neurodermitiskranker in Deutschland e.V., Sabelstr. 39, 5407 Boppard 1.

◁ Wenn Ihr Kind Fisch strikt ablehnt, überlisten Sie es mit einem Trick. Pürieren Sie den Fisch am besten gleich mit dem Gemüse. So schmeckt die Milde Fischsuppe (Rezept Seite 54) überhaupt nicht fischig.

Hyperaktivität – Junk Food Disease?

Untersuchungen aus den USA verstärkten den Verdacht, daß eine Ernährung, die vorwiegend aus Fertigprodukten besteht, Aggressivität und Konzentrationsschwäche zur Folge hat. Dafür verantwortlich ist möglicherweise der hohe Phosphatgehalt. Bisher konnte dieser Verdacht nicht bestätigt werden. Es wurde deutlich, daß sich durch das Einhalten einer Diät die Eltern verstärkt mit ihrem Kind beschäftigten. Die erhöhte Zuwendung wirkte bereits positiv.

• Es ist in jedem Fall nützlich, den Phosphatgehalt in der Kinderernährung zu begrenzen, denn Phosphat im Übermaß erschwert die Calciumaufnahme und damit den Aufbau der Knochen. Zudem ist eine solche Fertigkost – in den USA »Junk Food« genannt – nährstoffarm und reich an unerwünschten Substanzen wie Salz, Konservierungs- und Farbstoffen sowie Zucker. Eine gesunde Ernährung, wie ich sie vertrete, hilft Ihrem Kind mit Sicherheit.

• Betrachten Sie das nervenzerfetzende Verhalten Ihres hyperaktiven Sprößlings als Krankheit, dann können Sie leichter damit umgehen. Sie werden mehr Geduld und Rücksicht walten lassen und Sie werden nicht dieselben Ansprüche wie an ein gesundes Kind stellen.

Frühstück für einen guten Start

Wenn Sie morgens Zeit haben, sollten Sie unbedingt gemeinsam mit Ihrem Kind frühstücken. Setzen Sie ihm nicht automatisch immer dasselbe bewährte Essen vor, sondern fragen Sie es nach seinen Wünschen oder machen Sie selber Vorschläge. Ein kleiner Morgenmuffel wird morgens gerne Milchmix trinken und ein weiches Müsli rutscht auch bei kaufaulen Kandidaten. Zwingen Sie Ihr Kind nicht zu warmen Getränken – das mögen die meisten nicht. Zimmertemperatur ist genauso verträglich! Wer morgens früh zur Arbeit muß, sollte das verschlafene Kind nicht zum Essen zwingen. Geben Sie lieber eine doppelte Brotzeit für den Kindergarten mit, der auf solche Fälle gerne eingeht.

Knuspermüsli

Ein Müsli, das Sie auf Vorrat herstellen können und bei Kindern, die gerne knabbern und es etwas süßer mögen, beliebt ist. Carob, das getrocknete und gemahlene Johannisbrot, schmeckt »schokoladig-süß« und ist reich an Vitaminen.

Zutaten für 10 Portionen:
50 g Mais zum Puffen · 1 Teel. Maiskeimöl · 2 Eßl. Carobpulver · 100 g kernige Haferflocken · 2 Eßl. gelbe Leinsamen · 2 Eßl. Weizenkeime · 40 g Kokosflocken · 100 g getrocknete Bananen
Pro Portion etwa 440 kJ/100 kcal
4 g Eiweiß · 3 g Fett · 15 g Kohlenhydrate

- Zubereitungszeit: etwa 8 Minuten

So wird's gemacht:
1. Den Mais mit dem Öl in eine Pfanne geben. Einen Deckel darauf legen und so lange auf die heiße Herdplatte stellen, bis er »pufft«. Die Pfanne dabei leicht rütteln und nach etwa 2 Minuten, wenn das Knattern aufhört, vom Herd ziehen.
2. Den Puffmais mit dem Carob, den Haferflocken, den Leinsamen, den Weizenkeimen, den Kokosflocken und den Bananenchips vermischen. Die Mischung in ein gut schließendes Gefäß füllen.

Weiches Müsli

Dieses Müsli ist auch ein Vorrats-Mix und eignet sich eher für kaufaule Kinder mit empfindlichem Magen.

Zutaten für 10 Portionen:
100 g Reisflocken · 100 g Schmelzflocken · 100 g frische Datteln · 50 g gemahlene Mandeln · 100 g Rosinen · 50 g Pinienkerne
Pro Portion etwa 660 kJ/160 kcal
4 g Eiweiß · 4 g Fett · 28 g Kohlenhydrate

- Zubereitungszeit: etwa 10 Minuten

So wird's gemacht:
1. Die Flocken gut mischen. Die Datteln halbieren, entsteinen und die Schale abziehen. Die Hälften in Scheiben schneiden und mit den gemahlenen Mandeln bestreuen.
2. Die Datteln, die Flocken, die Rosinen und die Pinienkerne gut vermischen und in einem gut verschließbaren Gefäß aufbewahren.

Mein Tip Die einzelnen Portionen können Sie mit 150 ccm Vollmilch oder 150 g Joghurt vermischen. Auch frisches, zerkleinertes Obst wie Apfel, Banane, Mandarine, Weintrauben oder Beeren können Sie unterziehen.

Milchmix für kleine Muffel

Wenn Ihr Kind morgens keinen Bissen hinunter bekommt, so sollte es doch wenigstens etwas trinken. Mit diesen Mixgetränken ist es bestens versorgt.

Puh der Bär

Zutaten für 1 Glas:
200 ccm Vollmilch · 1 Teel. Honig · 1 Teel. Hagebuttenmark · 20 g abgezogene Mandeln
Etwa 1200 kJ/290 kcal
10 g Eiweiß · 18 g Fett · 20 g Kohlenhydrate

- Zubereitungszeit: etwa 5 Minuten

So wird's gemacht:
1. Die Milch, den Honig, das Hagebuttenmark und die Mandeln in den Mixbecher füllen. Die Zutaten auf höchster Stufe kurz schlagen.
2. Die Milch in ein Glas gießen und einen Strohhalm dazugeben.

Däumelinchen

Zutaten für 1 Glas:
1 kleine Banane · 200 ccm Vollmilch · 1 Eßl. Rote-Bete-Saft · 1 Eßl. Hefeflocken · 2 Eßl. Zitronensaft
Etwa 1100 kJ/260 kcal
11 g Eiweiß · 8 g Fett · 34 g Kohlenhydrate

- Zubereitungszeit: etwa 5 Minuten

So wird's gemacht:
1. Die Banane schälen und zusammen mit der Milch, dem Rote-Bete-Saft, den Hefeflocken und dem Zitronensaft in den Mixbecher füllen.
2. Die Zutaten auf höchster Stufe kurz schlagen.
3. Die Milch in ein Glas gießen und einen Strohhalm dazugeben.

Mohr mit Mütze

Zutaten für 1 Glas:
200 ccm Vollmilch · 2 Datteln ohne Stein · 1 Eßl. Carobpulver · 1 Teel. Crème double zum Garnieren
Etwa 1200 kJ/290 kcal
9 g Eiweiß · 12 g Fett · 34 g Kohlenhydrate

- Zubereitungszeit: etwa 5 Minuten

So wird's gemacht:
1. Die Milch, die Datteln und den Carob in einen Mixbecher füllen, und die Zutaten auf höchster Stufe kurz aufschlagen.
2. Die Milch in ein Glas gießen, mit der Crème double garnieren und einen Strohhalm dazugeben.

Schneewittchen

Zutaten für 1 Glas:
1 kleiner Apfel · 200 ccm Vollmilch · 1 Eigelb · 1 Messerspitze Carobpulver zum Bestreuen · eventuell 1 Beere zur Dekoration
Etwa 1000 kJ/240 kcal
10 g Eiweiß · 14 g Fett · 20 g Kohlenhydrate

- Zubereitungszeit: etwa 3 Minuten

So wird's gemacht:
1. Den Apfel schälen, vierteln und vom Kerngehäuse befreien.
2. Die Milch, die Apfelstücke und das Eigelb in den Mixbecher füllen und auf höchster Stufe kurz aufschlagen.
3. Die Milch in ein Glas gießen, mit dem Carob bestreuen und einen Strohhalm dazugeben.

Mein Tip Wer keinen Mixer hat, kann auch den Pürierstab verwenden.

Brotaufstriche

Gerade wenn Kinder etwas Süßes auf dem Brot mögen, lohnt es sich Aufstriche selber zu machen. Auch Leberwurst – der gute Eisenlieferant – ist selbstgemacht viel wertvoller. Die Aufstriche machen die Butter überflüssig.

Schokocreme

Zutaten für ein 0,2 l Glas:
100 g Haselnüsse · 100 g Datteln · 20 g Carobpulver · 40 g Butter · 1 Prise Zimt · 1 Prise Piment
Etwa 530 kJ/130 kcal
2 g Eiweiß · 10 g Fett · 8 g Kohlenhydrate

- Zubereitungszeit: etwa10 Minuten
- Haltbarkeit: im Kühlschrank etwa 2 Wochen

So wird's gemacht:
1. Die Haselnüsse in einer Pfanne unter ständigem Rühren rösten. Die Datteln entsteinen und soweit wie möglich von der harten Haut befreien. Beides in der Moulinette sehr fein pürieren.
2. Den Carob mit der Butter, dem Zimt und dem Piment cremig rühren. Nach und nach das Nuß-Dattel-Mark hinzufügen. Die cremige Paste in ein sehr sauberes, gut verschließbares Gefäß füllen und kühl aufbewahren.

Honig-Sesam-Creme

Zutaten für ein 0,2 l Glas:
50 g Sesammus (aus dem Reformhaus) · 50 g Weizenkeime · Saft von 1 Zitrone · 100 g Rosinen · 50 g Honig
Etwa 360 kJ/86 kcal
3 g Eiweiß · 3 g Fett · 13 g Kohlenhydrate

- Zubereitungszeit: etwa 5 Minuten
- Zeit zum Ziehen: etwa 24 Stunden
- Haltbarkeit: im Kühlschrank etwa 2 Wochen

So wird's gemacht:
1. Das Sesammus mit den Weizenkeimen und dem Zitronensaft cremig rühren. Zum Schluß die Rosinen und den Honig hinzufügen.
2. Die Creme in ein sauberes, gut schließendes Gefäß füllen und 24 Stunden ziehen lassen.

Kartoffelkäs

Zutaten für ein 0,2 l Glas:
100 g mehligkochende Kartoffeln · 1 Ei · 50 g Butter · 100 g Magerquark · 50 g geriebener Gouda · 1 Eßl. Crème fraîche · 1 Teel. Kümmel
Etwa 360 kJ/86 kcal
4 g Fett · 7 g Eiweiß · 2 g Kohlenhydrate

- Garzeit: etwa 30 Minuten
- Zubereitungszeit: etwa 5 Minuten
- Haltbarkeit: im Kühlschrank etwa 3 Tage

So wird's gemacht:
1. Die Kartoffeln in der Schale garen, pellen und durch die Kartoffelpresse drücken.
2. Das Ei in etwa 8 Minuten hart kochen, abschrecken, pellen und fein hacken.
3. Das Kartoffelpüree mit dem Ei, der Butter, dem Quark, dem Käse, der Crème fraîche und dem Kümmel vermischen.
4. Die Masse in ein gut schließendes, sauberes Gefäß füllen und kühl aufbewahren.

Leberwurst mit Röstzwiebeln

Zutaten für ein 0,2 l Glas:
100 g Putenlebern · 50 g Schalotten · 3 Eßl. kaltgepreßtes nicht raffiniertes Öl · 50 g Walnußkerne · 1 Eßl. Soja-Sauce · 1 Prise getrockneter Thymian
Etwa 350 kJ/83 kcal
4 g Fett · 6 g Eiweiß · 4 g Kohlenhydrate

- Vorbereitungszeit: etwa10 Minuten
- Garzeit: etwa 8 Minuten
- Haltbarkeit: im Kühlschrank etwa 1 Woche

So wird's gemacht:
1. Die Lebern waschen, trockentupfen und die Häutchen und Adern entfernen.
2. Die Schalotten abziehen, halbieren und in feine Würfel schneiden
3. In einer Pfanne 1 Eßlöffel von dem Öl heiß werden lassen, die Zwiebeln darin andünsten, nach etwa 4 Minuten die Lebern hinzufügen und weitere 4 Minuten dünsten, bis das Fleisch gar ist. Die Walnußkerne, die Soja-Sauce und den Thymian dazugeben und in der Pfanne kurz ziehen lassen.
4. Die Zutaten abkühlen lassen, bis sie lauwarm sind, dann mit dem Pürierstab cremig schlagen und das restliche Öl unterziehen.
5. Die Masse in ein gut schließendes, sauberes Gefäß füllen und kühl aufbewahren.

Dippe-Toast

1 Ei pro Kind ist eigentlich zu viel, es sei denn, Sie haben Kükeneier. Der Dip löst das Verteilungsproblem.

Zutaten für 4 Portionen:
2 kleine Eier · 1 Eßl. saure Sahne (20% Fett) · 1 Teel. gehackte Petersilie (eventuell tiefgefrorene) · 1 Prise mildes Paprikapulver · 1 Eßl. geriebener Gruyère · 4 Scheiben Vollkorntoast
Pro Portion etwa 340 kJ/81 kcal
5 g Eiweiß · 6 g Fett · 3 g Kohlenhydrate

- Zubereitungszeit: etwa 10 Minuten

So wird's gemacht:
1. Die Eier einpieksen, in kochendes Wasser legen und etwa 6 Minuten kochen lassen. Die Eier mit kaltem Wasser abschrecken und pellen.
2. Die Eier mit dem Pürierstab pürieren, dabei die saure Sahne hinzufügen und mit der Petersilie, dem Paprika und dem Käse abschmecken. Jede Portion in einen Eierbecher füllen.
3. Das Toastbrot rösten und in fingerdicke Streifen schneiden, die in die Eiercreme gedippt werden.

Nüßli

Eine Grütze aus frisch geschrotetem Korn ist besonders nahrhaft und gut verträglich. Den Schrot können Sie am Vorabend einweichen.

Zutaten für 1 Portion:
1 Eßl. Weizen · ¼ l Vollmilch · 1 Eßl. Sonnenblumenkerne · 1 Eßl. gehackte Haselnüsse · 1 Eßl. Rosinen · 1 Teel. Honig
Etwa 2100 kJ/500 kcal
18 g Eiweiß · 25 g Fett · 48 g Kohlenhydrate

- Quellzeit: etwa 8 Stunden
- Garzeit: etwa 5 Minuten

So wird's gemacht:
1. Den Weizen frisch schroten (oder geschrotet kaufen), mit der Milch vermischen und im Kühlschrank über Nacht einweichen.
2. Am Morgen mit den Sonnenblumenkernen, den Nüssen und den Rosinen vermischen. Die Zutaten bei schwacher Hitze zum Kochen bringen und etwa 1 Minute kochen lassen. Dann erst den Honig unterziehen.

Mein Tip Wer ein Mikrowellengerät hat, kann das Nüßli auch bei Mikrowellenleistung 600 Watt offen etwa 3 Minuten garen.

Das kommt in die Kindergartentasche

Sorgen Sie auch hier für Abwechslung und achten Sie auf eine sinnvolle Ergänzung zum Frühstück. Wer morgens Milchmix frühstückt, sollte dann ein Brot essen, wer schon mit einer dicken Scheibe den Tag begonnen hat, kommt vielleicht mit Joghurt und Obst aus. Wird bereits die erste Mahlzeit im Kindergarten eingenommen, darf es ruhig etwas mehr sein. Aber: nie zuviel einpacken, das nimmt den Kindern den Appetit.

Tomaten-Zucchini-Salat

Bild Umschlag-Vorderseite

Zutaten für 4 Portionen:
300 g Eiertomaten · 300 g kleine Zucchini · 2 Eßl. Zitronensaft · 1 Teel. milder Senf · 1 Spritzer Soja-Sauce · 1 Prise Salz, frisch gemahlener Pfeffer · 2 Eßl. Olivenöl · 1 Teel. dunkle Leinsamen
Pro Portion etwa 300 kJ/71 kcal
2 g Eiweiß · 2 g Fett · 5 g Kohlenhydrate

- Zubereitungszeit: etwa 15 Minuten

So wird's gemacht:
1. Das Gemüse waschen und trockenreiben. Die Tomaten in Scheiben schneiden, dabei die Blütenansätze entfernen. Die Zucchini mit dem Gurkenhobel in dünne Scheiben hobeln.
2. Die Tomaten- und Zucchinischeiben abwechselnd in ein gut verschließbares Gefäß schichten.
3. Für das Dressing den Zitronensaft mit dem Senf, der Soja-Sauce, dem Salz, Pfeffer und dem Öl cremig rühren. Die Salatsauce mit 1 Eßlöffel Wasser verdünnen und über den Salat träufeln.
4. Den Salat mit den Leinsamen bestreuen und in ein gut verschließbares Gefäß füllen.

Harlekin-Hörnchen

Zutaten für 1 Portion:
1 Müslihörnchen (oder Müslibrötchen) · 1 Teel. Butter · 1 Teel. Honig · 1 Eßl. Kokosflocken · 2 Eßl. Magerquark · 1 Eßl. getrockneter, gewürfelter Tropenfrüchtemix (ersatzweise andere getrocknete Früchte)
Etwa 1400 kJ/330 kcal
10 g Eiweiß · 8 g Fett · 56 g Kohlenhydrate

- Zubereitungszeit: etwa 5 Minuten

So wird's gemacht:
1. Das Hörnchen oder das Brötchen aufschneiden und die Krume herauszupfen. Das Hörnchen oder das Brötchen zunächst mit der Butter, dann mit dem Honig ausstreichen und mit Kokosflocken bestreuen.
2. Den Quark mit der Krume und den Trockenfrüchten mischen. Das Hörnchen mit dem Quark füllen, zusammenklappen und in Frischhaltefolie wickeln.

Knusperapfel

Zutaten für 1 Portion:
1 kleiner Apfel · 2–3 Datteln · 1 Teel. Sesamsamen · 1 Teel. Weizenkeime · 1 Eßl. Haferflocken
Etwa 1200 kJ/290 kcal
6 g Eiweiß · 5 g Fett · 58 g Kohlenhydrate

- Zubereitungszeit: etwa 7 Minuten

So wird's gemacht:
1. Den Apfel waschen, mit einem Tuch trockenreiben und mit einem Ausstecher das Kerngehäuse ausstechen.
2. Die Datteln entsteinen und grob hacken.

Die Datteln mit den Sesamsamen, den Weizenkeimen und den Haferflocken vermischen.
3. Die Mischung in das Loch füllen. Den Apfel in Frischhaltefolie wickeln.

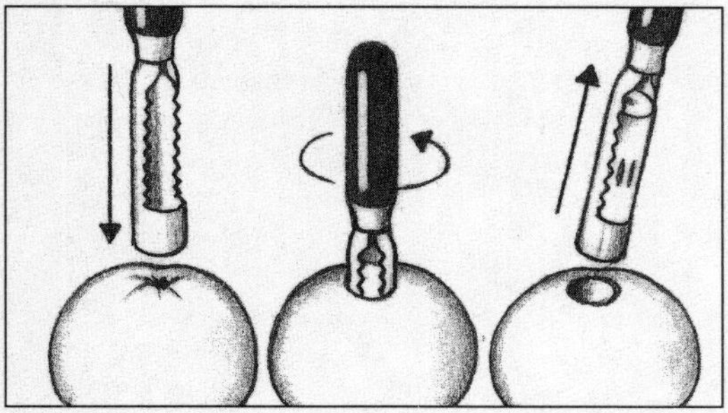

Mit einem speziellen Ausstecher können Sie das Kerngehäuse ganz leicht entfernen.

Beeren-Müsli-Joghurt

Bild Seite 45

Zutaten für 1 Portion:
2 Teel. grobe Reisflocken · ½ Teel. Sesamsamen · 1 Teel. neutrale Hefeflocken · 1 Teel. getrocknete Tropenfrüchte in Würfeln (ersatzweise andere getrocknete Früchte) · 2 Eßl. frische oder tiefgefrorene Beeren · 100 g Vollmilchjoghurt
Etwa 730 kJ/170 kcal
8 g Eiweiß · 6 g Fett · 23 g Kohlenhydrate

- Zubereitungszeit: etwa 5 Minuten

So wird's gemacht:
1. Die Reisflocken, die Sesamsamen, die Hefeflocken, die Tropenfrüchte und die Beeren in eine Schüssel geben und mit dem Joghurt verrühren. Wenn nötig, mit etwas Honig nachsüßen.
2. Den Beeren-Müsli-Joghurt in einen gut verschließbaren Becher füllen.

Konfetti-Brötchen

Zutaten für 1 Portion:
1 Vollkornbrötchen · 1 Teel. Butter · 1 Kopfsalatblatt · 1 Eßl. Schnittlauchröllchen · 2 Eßl. Magerquark · ¼ rote Paprikaschote · 1 Prise Salz · 1 Teel. Sesamsamen
Etwa 960 kJ/230 kcal
11 g Eiweiß · 8 g Fett · 30 g Kohlenhydrate

- Zubereitungszeit: etwa 5 Minuten

So wird's gemacht:
1. Das Brötchen aufschneiden und die Krume herauszupfen. Die Kruste innen mit der Butter ausstreichen und mit dem Salatblatt auslegen.
2. Die Schnittlauchröllchen mit dem Quark cremig rühren. Die Brotkrume zerpflücken und unter den Quark ziehen. Die Paprikaschote klein würfeln, zusammen mit dem Salz und den Sesamsamen unter den Quark ziehen.
3. Die Quarkcreme in das Brötchen füllen, zusammenklappen und in Frischhaltefolie wickeln.

Brotzeit am Stiel

Zutaten für 1 Portion:
1 rechteckige Scheibe Vollkornbrot · 1 Teel. Butter · 1 Teel. gemahlene Nüsse · 2 kleine Radieschen · 1 Scheibe Butterkäse · 2 Scheiben Salatgurke · 1 Holzspieß
Etwa 1000 kJ/240 kcal
10 g Eiweiß · 13 g Fett · 22 g Kohlenhydrate

- Zubereitungszeit: etwa 5 Minuten

So wird's gemacht:
1. Das Brot in drei Streifen teilen. Die Butter und die Nüsse vermischen. Zwei Streifen damit bestreichen, alle zusammensetzen und würfeln.

2. Die Käsescheibe halbieren und jeweils um 1 Radieschen wickeln.
3. Im Wechsel die Brotwürfel, die Käse-Radieschen und die Gurkenscheiben auf den Spieß stecken. Den Spieß in Folie wickeln.

Kartoffel-Doppeldecker

Zutaten für 1 Portion:
1 große, flache Kartoffel (etwa 100 g) · 1 Scheibe Roastbeef · 1 Eßl. Crème fraîche (40% Fett) · 1 Messerspitze geriebener Meerrettich · 1 Teel. Leinsamen · 1 Kopfsalatblatt · 1 Teel. Butter
Etwa 1000 kJ/240 kcal
8 g Eiweiß · 16 g Fett · 16 g Kohlenhydrate

- Zubereitungszeit: etwa 15 Minuten

So wird's gemacht:
1. Die Kartoffel in 20–30 Minuten garen. Das Wasser abgießen, die Kartoffel kalt abschrekken, abkühlen lassen und pellen.
2. Das Roastbeef würfeln, mit der Crème fraîche, dem Meerrettich und den Leinsamen vermischen.
3. Die Kartoffel quer durchschneiden, jede Hälfte mit Butter bestreichen, mit dem Salat belegen, die Creme darauf streichen und die Hälften zusammenklappen. Die Kartoffel in Folie verpacken.

Mein Tip Rohes, in Stücke geschnittenes Gemüse ist eine erfrischende Abwechslung. Karotten, Radieschen, rote Paprikastreifen oder Gurkenscheiben sind mild und saftig. Wichtig dabei ist die Verpackung. Wasserdichte Tütchen oder Plastiktöpfchen eignen sich gut.

Zebrabrot

Bild nebenstehend

Zutaten für 1 Zebrabrot:
1 Eßl. Schnittlauchröllchen · 1 Teel. Zitronensaft · 1 Prise Salz · frisch gemahlener Pfeffer · 1 Eßl. Crème fraîche (40% Fett) · 1 quadratische Scheibe Vollkornbrot
Etwa 760 kJ/180 kcal
4 g Eiweiß · 9 g Fett · 21 g Kohlenhydrate

- Zubereitungszeit: etwa 5 Minuten

So wird's gemacht:
1. Die Schnittlauchröllchen mit dem Zitronensaft, dem Salz, Pfeffer und der Crème fraîche verrühren.
2. Das Schwarzbrot zweimal über Kreuz teilen, so daß 4 Quadrate entstehen. Dann 3 Quadrate mit der Creme bestreichen und zu einem Turm zusammensetzen. Das unbestrichene Quadrat obenauf legen, den Turm gut zusammendrücken und wie ein Knallbonbon in Frischhaltefolie wickeln. Das Zebrabrot können Sie sehr gut am Vorabend zubereiten. Dann wird der Turm fester.

Spielen und toben – wer wird dabei nicht hungrig? ▷ Das Zebrabrot (Rezept auf dieser Seite) oder ein Beeren-Müsli-Joghurt (Rezept Seite 43) macht wieder fit.

Mittagessen – schnell, aber gesund

Kinder brauchen mittags eine vollwertig zusammengestellte Mahlzeit, um den Tag bei guter Laune zu überstehen. Hier einige Grundrezepte, die sich gut abwandeln lassen und viel Gemüse, Kartoffeln, Getreide, Milchprodukte und ausreichend Fleisch enthalten.

Zucchinipuffer mit Radieschenschaum

Bild nebenstehend

Zutaten für 4 Portionen:
500 g kleine Zucchini · 500 g Kartoffeln · 1 Zwiebel · 3 Eier · 200 g Magerquark · 100 g kernige Haferflocken · 1½ Teel. Salz · frisch gemahlener Pfeffer · 2 Bund Radieschen · 2 Eßl. Crème fraîche · etwa 100 g Butterschmalz zum Backen
Pro Portion etwa 2400 kJ/570 kcal
21 g Eiweiß · 36 g Fett · 42 g Kohlenhydrate

- Vorbereitungszeit: etwa 30 Minuten
- Garzeit: etwa 20 Minuten

So wird's gemacht:
1. Die Zucchini waschen und trockenreiben, die Enden abschneiden. Die Kartoffeln waschen und schälen. Die Zwiebel schälen. Dieses Gemüse mit der Küchenmaschine oder der Reibe fein raspeln.
2. 1 Ei in Eiweiß und Eigelb trennen und das Eiweiß beiseite stellen. Das Eigelb mit den übrigen Eiern, dem Magerquark und den Haferflocken unter das Raspelgemüse ziehen und mit 1 Teelöffel Salz und Pfeffer würzen, dann quellen lassen.
3. Inzwischen die Radieschen putzen, waschen und mit dem Pürierstab fein pürieren. Das Radieschenpüree in einem Sieb abtropfen lassen. Das Radieschenmus mit der Crème fraîche und dem restlichen Salz und Pfeffer verrühren.
4. Die Hälfte von dem Butterschmalz in einer beschichteten Pfanne erhitzen. Mit einer Kelle den Pufferteig portionsweise in das heiße Fett geben, flachdrücken und braten. Die Puffer nach 3–4 Minuten wenden und die andere Seite fertigbraten. Die Puffer kurz auf Küchenpapier abtropfen lassen.
5. Das Eiweiß steif schlagen und unter die Radieschensahne ziehen. Den Radieschenschaum mit den Puffern servieren.

◁ Für die meisten Kinder ist das Mittagessen die Lieblingsmahlzeit – mittags ist auch der Appetit am größten. Überraschen Sie Ihre Sprößlinge einmal mit Zucchinipuffer und Radieschenschaum. Das Rezept finden Sie auf dieser Seite.

Puten-Geschnetzeltes mit Möhren

Zutaten für 4 Portionen:
300 g Putenbrust · 1 Zwiebel · 20 g Butter oder ungehärtete Margarine · 1 Prise Salz · 1 Prise frisch gemahlener Pfeffer · 600 g Möhren · 1 Dose Maiskörner · 2 Eßl. Sahne · ⅛ l Orangensaft
Pro Portion etwa 1400 kJ/330 kcal
24 g Eiweiß · 9 g Fett · 42 g Kohlenhydrate

- Vorbereitungszeit: etwa 10 Minuten
- Garzeit: etwa 15 Minuten

So wird's gemacht:

1. Das Putenfleisch waschen, trockentupfen und kleinschneiden. Die Zwiebel schälen und grob raspeln.

2. Die Butter oder die Margarine in einer beschichteten Pfanne erhitzen. Die Zwiebel und das Fleisch darin bei mittlerer Hitze andünsten, dann mit dem Salz und dem Pfeffer würzen.

3. Inzwischen die Möhren waschen, schälen und ebenfalls grob raspeln. Die Möhrenraspel zum Fleisch geben und unter Rühren weitergaren. Die Dose mit dem Mais öffnen, den Sud in die Pfanne gießen und weiterdünsten, bis die Möhren weich sind.

4. Dann die Maiskörner und die Sahne hinzufügen, umrühren, alles heiß werden lassen und mit dem Orangensaft abschmecken.

Kartoffelkuchen »Himmel und Erde«

Zutaten für 4 Portionen:

800 g Kartoffeln · 400 g Äpfel · 1 Zwiebel · 3 Eier · 100 g Haferflocken · Salz · 40 g Butterschmalz · 1 Salatgurke · 100 g saure Sahne · 100 g Crème fraîche · 1 Teel. getrockneter Dill

Pro Portion etwa 2400 kJ/570 kcal

15 g Eiweiß · 30 g Fett · 63 g Kohlenhydrate

- Vorbereitungszeit: etwa 10 Minuten
- Garzeit: etwa 20 Minuten

So wird's gemacht:

1. Die Kartoffeln und die Äpfel waschen und schälen. Die Äpfel mit einem Ausstecher vom Kerngehäuse befreien. Die Zwiebel ebenfalls schälen. Die Kartoffeln, die Äpfel und die Zwiebel in der Küchenmaschine oder mit der Reibe fein reiben. Die Eier, die Haferflocken und 1 Prise Salz darunterziehen.

2. In einer großen, beschichteten Pfanne mit Deckel die Hälfte von dem Butterschmalz zerlassen, den Kartoffelteig dazugeben und den Deckel darauf legen. Den Teig bei mittlerer Hitze etwa 7 Minuten braten. Den Kartoffelkuchen auf eine Platte gleiten lassen, wenden und in dem restlichen Fett fertigbraten.

3. Inzwischen die Gurke waschen, schälen, die Enden abschneiden und grob raspeln. Die Gurkenraspel mit der sauren Sahne, der Crème fraîche und dem Dill verrühren, mit Salz abschmecken und zum Kartoffelkuchen servieren.

Gesunder Hamburger vom Blech

Zutaten für 4 Portionen:

100 g Reste von Vollkornbrot · 1 Bund Schnittlauch · 1 Knoblauchzehe · 200 g Sojabohnensprossen · 100 g Magerquark · 250 g Rinderhackfleisch · 30 g gemahlene Mandeln · Salz · 4 Vollkornbrötchen · 2 Tomaten · 40 g Butter oder Margarine

Pro Portion etwa 1900 kJ/450 kcal

27 g Eiweiß · 23 g Fett · 36 g Kohlenhydrate

- Vorbereitungszeit: etwa 20 Minuten
- Backzeit: etwa 15 Minuten

So wird's gemacht:

1. Den Backofen auf 220° (Gas Stufe 4) vorheizen.

2. Das Brot mit heißem Wasser überbrühen. Den Schnittlauch waschen und in feine Röllchen schneiden. Die Knoblauchzehe schälen und durch die Presse drücken. Die Sojasprossen waschen und mit dem Wiegemesser grob hacken.

3. Das Brot ausdrücken. Den Quark kurz abtropfen lassen. Dann das Brot mit dem Schnitt-

lauch, dem Knoblauch, den Sprossen, dem Quark, dem Fleisch und den Mandeln zu einem Teig verkneten und mit Salz würzen.
4. Ein Backblech mit Alufolie auslegen und mit Öl einpinseln.
5. Den Teig in 4 Portionen teilen, zu 4 flachen Hamburgern formen (siehe Zeichnung) und auf das Blech legen. Die Hamburger im heißen Backofen bei 220° (Gas Stufe 4) etwa 15 Minuten braten. Nach der Hälfte der Garzeit die Hamburger wenden und fertigbraten. In den letzten 3 Minuten die Brötchen mitbacken.
6. Die Tomaten waschen, den grünen Stielansatz entfernen und die Tomaten würfeln.
7. Die Brötchen aus dem Backofen nehmen, aufschneiden, die obere Hälfte mit der Butter oder Margarine bestreichen und die untere Hälfte mit den Tomatenwürfeln belegen. Je eine Bulette darauf setzen und die gebutterte Brötchenhälfte darauf legen.

Kartoffel-Möhren-Gratin mit Käse

Zutaten für 4 Portionen:
800 g Kartoffeln · 800 g Möhren · 1 Eßl. Butter oder Margarine · 150 g Maasdamer Käse · ½ l Vollmilch · 250 g Sahne · 1 Prise Salz · 1 Prise frisch geriebene Muskatnuß · 1 Teel. gehackte Petersilie
Pro Portion etwa 2800 kJ/670 kcal
22 g Eiweiß · 40 g Fett · 56 g Kohlenhydrate

- Vorbereitungszeit: etwa 15 Minuten
- Backzeit: etwa 45 Minuten

So wird's gemacht:
1. Den Backofen auf 220° (Gas Stufe 4) vorheizen.
2. Die Kartoffeln und die Möhren waschen, schälen und mit der Küchenmaschine oder dem Gurkenhobel in dünne Scheiben hobeln.
3. Eine flache, große Auflaufform ausfetten. Den Käse reiben.
4. Abwechselnd Kartoffeln, Möhren und Käse in die Form schichten. Die Milch mit der Sahne, dem Salz, dem Muskat und der Petersilie verquirlen. Die Mischung über den Auflauf gießen.
5. Das Gratin im heißen Backofen bei 220° (Gas Stufe 4) etwa 45 Minuten backen, bis es goldgelb ist.

Hirse-Eierkuchen

Zutaten für 4 Portionen:
100 g Hirsemehl · 150 g saure Sahne (10% Fett) · 4 Eier · 1 Prise Salz · 200 g kleine Champignons · 400 g kleine Zucchini · 40 g Butterschmalz · 100 g frisch geriebener Maasdamer Käse
Pro Portion etwa 1800 kJ/430 kcal
21 g Eiweiß · 29 g Fett · 21 g Kohlenhydrate

- Vorbereitungszeit: etwa 15 Minuten
- Garzeit: etwa 15 Minuten

So wird's gemacht:
1. Das Hirsemehl mit der sauren Sahne, den Eiern und dem Salz verquirlen.
2. Die Champignons waschen, putzen und abtropfen lassen. Die Zucchini ebenfalls waschen, die Enden abschneiden, schälen und die Zucchini in Scheiben schneiden.
3. In zwei Pfannen gleichzeitig das Butterschmalz zerlassen, jeweils die Champignons und die Zucchini hinzufügen und etwa 5 Minuten andünsten. Den Teig auf dem Gemüse gleichmäßig verteilen, je einen Deckel auf die Pfannen legen und die Eierkuchen in etwa 5 Minuten backen. Die Eierkuchen wenden, mit dem Käse bestreuen und zugedeckt bei mittlerer Hitze in etwa 10 Minuten fertigbacken.

Hauptsache Sauce

Spaghetti mit gesunden Saucen

Bild Seite 35

Zutaten für 4 Portionen:
250 g Vollkorn-Spaghetti (für Einsteiger Hirse- oder Sojaspaghetti; die sind hell) · 1–2 Teel. Salz · 2 Eßl. kaltgepreßtes nicht raffiniertes Öl
Pro Portion etwa 1000 kJ/240 kcal
9 g Eiweiß · 6 g Fett · 40 g Kohlenhydrate

- Garzeit: etwa 10 Minuten

So wird's gemacht:
1. Für die Spaghetti in einem großen Topf reichlich Wasser mit Salz und 1 Eßlöffel Öl zum Kochen bringen. Die Spaghetti ins kochende Wasser gleiten lassen und je nach Produkt (Packungsaufschrift beachten) bei mittlerer Hitze 8–12 Minuten kochen lassen. Die Spaghetti in einem Sieb abtropfen lassen und in dem restlichen Öl schwenken.

Möhren-Käse-Sauce

Zutaten für 4 Portionen:
500 g Möhren · 2 Zwiebeln · 1 Knoblauchzehe · 1 Teel. Salz · ⅛ l Gemüsebrühe · 30 g Pinienkerne · 50 g Mascarpone · 100 g fetter Weichkäse (60% Fett) · 1 Eßl. Zitronensaft · frisch gemahlener Pfeffer · frisch geriebene Muskatnuß · 125 g Sahne
Pro Portion etwa 1500 kJ/360 kcal
10 g Eiweiß · 27 g Fett · 17 g Kohlenhydrate

- Vorbereitungszeit: etwa 20 Minuten
- Garzeit: etwa 8 Minuten

So wird's gemacht:
1. Die Möhren waschen, schälen und in grobe Stücke schneiden. Die Zwiebeln und den Knoblauch schälen und vierteln. Die Möhren, die Zwiebeln und den Knoblauch mit dem Salz und der Gemüsebrühe in den Schnellkochtopf füllen. Das Gemüse auf Schonstufe 2 etwa 6 Minuten garen.
2. Den Topf abkühlen, wenn sich der Druckstift gesenkt hat öffnen. Die Pinienkerne, den Mascarpone, den Käse, den Zitronensaft, Pfeffer und Muskat hinzufügen.
3. Das Möhrengemüse mit einem Pürierstab kräftig pürieren. Dann die Sahne dazugeben, umrühren, kurz aufkochen lassen und servieren.

Schnelles Kinder-Ketchup

Zutaten für ½ l:
2 Zwiebeln · 1 rote Paprikaschote · 250 g Kochäpfel · 500 g vollreife Tomaten · 1 Teel. Salz · 2 Gewürznelken · 6 Pfefferkörner · 2 Pimentkörner · 100 g Zuckerrohrgranulat · ⅛ l Obstessig
Etwa 2700 kJ/640 kcal
11 g Eiweiß · 3 g Fett · 150 g Kohlenhydrate

- Vorbereitungszeit: etwa 15 Minuten
- Garzeit: etwa 45 Minuten

So wird's gemacht:
1. Die Zwiebeln schälen und würfeln. Die Paprikaschote vom Stiel befreien, samt Kernen und Zwischenwänden fein würfeln. Die Äpfel waschen, samt Kerngehäuse und Schale kleinschneiden. Die Tomaten waschen und in Achtel schneiden.
2. Das Gemüse und die Äpfel in eine tiefe Pfanne mit Deckel füllen und bei mittlerer Hitze kochen lassen, bis alles zerfallen ist. Dann das Salz, die Nelken, die Pfeffer- und Pimentkörner, das Zuckerrohrgranulat sowie den Essig hinzufügen und bei geschlossenem Deckel etwa 20 Minuten simmern lassen.
3. Dann alles durch ein Sieb streichen. Die Sauce nochmals in die Pfanne gießen und ohne Deckel 5–10 Minuten dick einkochen las-

sen. Das Ketchup in eine sehr saubere Flasche füllen und im Kühlschrank aufbewahren. Es ist etwa zwei Monate haltbar.

Kohlrabi-Rahm-Sauce

Ganz Eilige können auch Rahm-Kohlrabi aus der Tiefkühltruhe nehmen.

Zutaten für 4 Portionen:
600 g Kohlrabi · 2 Eßl. Butter · ¼ l Vollmilch · 1 Teel. Salz · 1 Prise Pfeffer · 2 Eßl. Crème fraîche · 150 g körniger Frischkäse
Pro Portion etwa 960 kJ/230 kcal
10 g Eiweiß · 16 g Fett · 11 g Kohlenhydrate

- Vorbereitungszeit: etwa 15 Minuten
- Garzeit: etwa 6 Minuten

So wird's gemacht:
1. Von den Knollen die grünen Blätter schneiden. Die zarten Blätter beiseite legen, die groben kommen weg. Die Knollen waschen, schälen und in Achtel schneiden. Von der Butter 1 Eßlöffel im Schnellkochtopf zerlassen, die Kohlrabi darin andünsten, die Milch dazugießen, das Salz und den Pfeffer hinzufügen. Den Schnellkochtopf schließen und auf Schonstufe 2 in etwa 6 Minuten garen.
2. Inzwischen die zarten grünen Blätter waschen und sehr fein hacken. Die restliche Butter in einer Pfanne zerlassen, die Blätter darin bei schwacher Hitze unter Rühren in etwa 3 Minuten weich dünsten.
3. Den Schnellkochtopf abkühlen lassen und öffnen, sobald sich der Druckstift gesenkt hat. Die Blätter und Crème fraîche in den Topf geben. Die Kohlrabi mit dem Pürierstab gut pürieren. Den Frischkäse untermischen, nochmals erhitzen, wenn nötig noch einmal abschmecken.

Tomaten-Thunfisch-Sauce

Thunfisch mögen auch Kinder, die sonst Fisch nicht anrühren. Denn er schmeckt gar nicht fischig! Trotzdem liefert er das wichtige Jod – wie jeder Seefisch.

Zutaten für 4 Portionen:
500 g Fleischtomaten · 2 Dosen Thunfisch naturell (im eigenen Saft, etwa 300 g) · 2 hartgekochte Eier · 1 Eßl. Zitronensaft · 125 g Sahne · 1 Eßl. kaltgepreßtes nicht raffiniertes Öl · ½ Teel. Knoblauchpüree in Öl · (aus dem Glas) · frisch gemahlener Pfeffer
Pro Portion etwa 1600 kJ/380 kcal
23 g Eiweiß · 31 g Fett · 6 g Kohlenhydrate

- Vorbereitungszeit: etwa 15 Minuten
- Garzeit: etwa 5 Minuten

So wird's gemacht:
1. Die Tomaten mit kochend heißem Wasser überbrühen, kalt abschrecken, häuten und halbieren. Den Saft und die Kerne entfernen und möglichst anderweitig verwerten. Das Fruchtfleisch fein hacken.
2. Den Thunfisch samt Saft in einen Rührbecher geben. Die Eier pellen und nur das Eigelb zum Fisch geben. Den Zitronensaft, die Sahne, das Öl, das Knoblauchpüree und Pfeffer hinzufügen und alle Zutaten mit einem Pürierstab fein zermusen.
3. Tomatenstückchen unterziehen und bei kleiner Hitze schonend erwärmen.
4. Das Eiweiß kleinschneiden und über die Sauce streuen.

Mein Tip Den Tomatensaft und die Kerne können Sie zur Zubereitung von Suppen oder Pizzen verwenden.

Broccoli-Hackfleisch-Sauce

Zutaten für 4 Portionen:
400 g Broccoli · ⅛ l Gemüsebrühe · 1 Zwiebel · 1 Eßl. Maiskeimöl · 250 g Rinderhackfleisch · ½ Teel. Salz · frisch gemahlener Pfeffer · 100 g Sahne
Pro Portion etwa 1100 kJ/260 kcal
19 g Eiweiß · 19 g Fett · 4 g Kohlenhydrate

- Vorbereitungszeit: etwa 10 Minuten
- Garzeit: etwa 15 Minuten

So wird's gemacht:
1. Den Broccoli waschen, die Stiele abschneiden und diese in Scheiben schneiden.
2. Die Gemüsebrühe in einem Topf zum Kochen bringen, die Broccoliröschen und -stiele hinzufügen und bei mittlerer Hitze in etwa 15 Minuten garen.
3. Inzwischen die Zwiebel schälen, halbieren und in feine Würfel schneiden. Das Öl in einer Pfanne erhitzen, die Zwiebel darin andünsten, das Hackfleisch dazugeben. Das Fleisch mit Salz und Pfeffer würzen und in etwa 8 Minuten kräftig anbraten, dabei mit dem Löffel ständig rühren und das Fleisch zerpflücken.
4. Den Broccoli mit dem Pürierstab fein zermusen, die Sahne und das Fleisch hinzufügen und die Sauce noch einmal abschmecken.

Rouladenragout

Bild Seite 18

Zutaten für 4 Portionen:
400 g Hähnchenbrustfilets · 30 g Sonnenblumenkerne · 400 g milder Blauschimmelkäse · 1 Eßl. Tomatenmark · Salz · Pfeffer · 600 g junge Möhren · 3 Eßl. Öl · 300 g Vollkornreis · ½ l Gemüsebrühe · Salz · Pfeffer · 1 Zwiebel · 2 Eßl. Sahne · Zahnstocher
Pro Portion etwa 3500 kJ/830 kcal
53 g Eiweiß · 56 g Fett · 57 g Kohlenhydrate

- Vorbereitungszeit: etwa 30 Minuten
- Garzeit: etwa 40 Minuten

So wird's gemacht:
1. Die Hähnchenfilets mit der flachen Seite des Fleischklopfers flach klopfen.
2. Die Sonnenblumenkerne sehr fein hacken, mit dem Käse und dem Tomatenmark zu einer Paste verkneten.
3. Die Möhren waschen, putzen, schälen und fein reiben.
4. In einem Topf 1 Eßlöffel von dem Öl erhitzen, den Reis darin andünsten und mit der Brühe angießen. Alles kurz aufkochen lassen, dann bei schwacher Hitze etwa 40 Minuten ausquellen lassen. Nach etwa 20 Minuten 400 g von den Möhrenraspel unterziehen und mitgaren.
5. Inzwischen die Hähnchenfilets mit wenig Salz und Pfeffer würzen. Das Fleisch in etwa 4 cm breite und etwa 10 cm lange Streifen schneiden.
6. Die restlichen Möhren mit der Käsemasse verkneten, diese auf den Filetstreifen verteilen und glattstreichen. Jeden Streifen aufrollen und mit einem Zahnstocher feststecken.
7. Die Zwiebel schälen, halbieren und fein würfeln. Das restliche Öl in einer Kasserolle erhitzen und die Zwiebel darin andünsten. Dann die Fleischröllchen von allen Seiten kräftig anbraten, mit wenig Wasser angießen und bei geschlossenem Deckel etwa 8 Minuten schmoren lassen.
8. Die Röllchen herausnehmen und die Spießchen entfernen. Die Sahne zum Fond geben und kurz aufkochen lassen.
9. Die Sauce über die Röllchen gießen und mit dem Möhrenreis servieren.

Polentaring mit Tomatensauce

Bild Seite 17

Polenta wird aus Maisgrieß gekocht. Wer keine kleinen Ringformen hat, kann ihn auch in Tassen drücken und stürzen.

Zutaten für 4 Portionen:
1 l Vollmilch · 1 Würfel Gemüsebrühe · 250 g Maisgrieß · 1 Bund Petersilie oder 1 Tasse Alfalfasprossen · 150 g frisch geriebener Maasdamer Käse · 500 g Fleischtomaten · 50 g Pinienkerne · ½ Teel. Salz · 1 Prise frisch gemahlener Pfeffer
Pro Portion etwa 2700 kJ/640 kcal
27 g Eiweiß · 29 g Fett · 65 g Kohlenhydrate

- Zubereitungszeit: etwa 30 Minuten

So wird's gemacht:
1. Die Milch in einen Topf füllen. Den Brühwürfel zerdrücken und zur Milch geben. Dann die Milch zum Kochen bringen. Den Maisgrieß einrieseln und bei schwacher Hitze etwa 15 Minuten quellen lassen. Dabei ab und zu umrühren.
2. Die Petersilie oder die Sprossen waschen, die Blättchen abzupfen und fein hacken.
3. Für die Sauce die Tomaten waschen, den Stielansatz herausschneiden. Die Tomaten und die Pinienkerne in einen Mixbecher geben und zermusen. Das Mus in einer Pfanne kurz erhitzen und mit Salz und Pfeffer abschmecken.
4. Wenn die Polenta dick gekocht ist, die Petersilie und den Käse unterrühren.
5. Eine kleine Ringform mit Wasser ausschwenken, die Polenta hineinfüllen, fest andrücken und auf einen Teller stürzen. Noch 3 weitere Ringe formen, die restliche Polenta mit einem Eisportionierer in Kugeln auf eine Platte geben. Die Sauce in und um die Polenta herum gießen und den Rest in einer Schüssel servieren.

Blitz-Frikassee mit Zucchini und Erbsen

Zutaten für 4 Portionen:
400 g Hühnerbrustfilet · ¼ l Hühnerbrühe · 500 g Zucchini · 1 Zwiebel · 300 g tiefgefrorene Erbsen · 2 Eßl. Weizenvollkornmehl · 1 Eßl. Butter · 2 Eßl. Sahne · 1 Eßl. Zitronensaft
Pro Portion etwa 1200 kJ/290 kcal
31 g Eiweiß · 10 g Fett · 19 g Kohlenhydrate

- Vorbereitungszeit: etwa 5 Minuten
- Garzeit: etwa 25 Minuten

So wird's gemacht:
1. Das Hühnerbrustfilet unter heißem Wasser abwaschen, in einen Topf geben und die Hühnerbrühe darüber gießen.
2. Die Zucchini waschen, schälen und die Enden abschneiden. Die Zwiebel schälen und halbieren. Die Zucchini und die Zwiebelhälften ebenfalls in die Brühe legen. Die Brühe zum Kochen bringen und das Fleisch mit dem Gemüse bei schwacher Hitze etwa 10 Minuten pochieren. Die Erbsen hinzufügen und weitere 10 Minuten garen.
3. Das Fleisch herausheben und kleinschneiden. Das Mehl mit der Butter verrühren, die Masse in Flocken zur Brühe geben und etwa 5 Minuten bei schwacher Hitze kochen lassen, bis sie sich völlig aufgelöst haben.
4. Inzwischen die Zucchini und die Zwiebel pürieren, mit der Sahne und dem Zitronensaft in die Sauce rühren. Das Fleisch dazugeben und kurz ziehen lassen.

Suppe rutscht immer

Gemüsebouillon

Wenn es schnell gehen soll, reicht auch ein Brühwürfel. Aber der ist meist zu salzig. Deshalb hier ein Grundrezept für 1 l Brühe, die Sie auch einfrieren können. Die folgenden Beispiele zeigen Ihnen, wie Sie eine sättigende oder dünne Suppe daraus zubereiten können. Die Bouillon schmeckt auch mit Vollkorn-Suppennudeln, gedünstetem püriertem Gemüse oder geröstetem Vollkorngrieß.

Zutaten für 4 Portionen:
1 Zwiebel · 1 Knoblauchzehe · 1 Lauchstange · 2 Möhren · 1 Stange Bleichsellerie (eventuell Gemüsereste bis zu 200 g oder Suppengemüse) · 1 Bund Petersilie · 1 Thymianzweig · 2 Eßl. kaltgepreßtes, nicht raffiniertes Öl · 1¼ l Wasser · ½ Teel. Salz · 1 Teel. Tomatenmark
Pro Portion etwa 410 kJ/98 kcal
3 g Eiweiß · 3 g Fett · 4 g Kohlenhydrate

- Vorbereitungszeit: etwa 20 Minuten
- Garzeit: etwa 30 Minuten

So wird's gemacht:
1. Die Zwiebel und den Knoblauch schälen und in Würfel schneiden. Den Lauch, die Möhren, den Bleichsellerie und die Petersilie waschen. Den Lauch dabei aufschneiden. Die Möhren schälen. Die Petersilienblättchen abzupfen, fein hacken und beiseite legen. Das Gemüse in grobe Stücke teilen.
2. Die Zwiebel und den Knoblauch in ½ Eßlöffel Öl anrösten, das Gemüse, den Thymianstengel und die Petersilienstiele dazugeben.
3. Das Wasser dazugießen, Salz und das Tomatenmark hinzufügen. Die Gemüsebouillon im Schnellkochtopf auf Schonstufe 1 etwa 20 Minuten kochen und im Topf abkühlen lassen.
4. Die Brühe durch ein Sieb gießen, die Petersilie und das restliche Öl hinzufügen.

Milde Fischsuppe

Bild Seite 36

Seefisch ist sehr reich an Jod und Fluor. Jod ist Bestandteil der Schilddrüsenhormone und Fluor härtet den Zahnschmelz. Beide Minerale sind besonders im Binnenland knapp. Diese Suppe hilft den Bedarf decken – und schmeckt gar nicht fischig!

Zutaten für 4 Portionen:
300 g Schollenfilet (frisch oder tiefgefroren) · 8 Eßl. Orangensaft · 600 g Möhren · 2 Eßl. Butter · 4 Äpfel · 4 Eßl. Sahne · 4 Teel. Soja-Sauce · einige Blätter Zitronenmelisse
Pro Portion etwa 1300 kJ/310 kcal
15 g Eiweiß · 14 g Fett · 28 g Kohlenhydrate

- Vorbereitungszeit: etwa 20 Minuten
- Garzeit: etwa 25 Minuten

So wird's gemacht:
1. Den Fisch waschen, trockentupfen und mit dem Orangensaft beträufeln.
2. Die Möhren waschen, schälen und in Scheiben schneiden. Die Butter in einem Topf zerlassen und die Möhren darin andünsten. Dann etwa ½ l Wasser dazugießen und etwa 10 Minuten dünsten.
3. Die Äpfel schälen, das Kerngehäuse entfernen und die Frucht in Spalten schneiden. Die Apfelstücke zu den Möhren geben und noch weitere 5 Minuten dünsten.
4. Dann das Gemüse pürieren, die Sahne unterziehen und mit der Soja-Sauce abschmekken. Den Fisch kleinwürfeln, zum Gemüse geben und in etwa 8 Minuten garziehen lassen.
5. Die Zitronenmelisse fein hacken. Die Suppe in Teller füllen und mit der Zitronenmelisse bestreuen.

Brotsuppe

Zutaten für 4 Portionen:
1 l Gemüsebrühe (Rezept Seite 54) · 1 milder Apfel · 250 g reife Tomaten · 4 Scheiben Grahambrot · 1 Eßl. Butter · 4 kleine Eigelb
Pro Portion etwa 880 kJ/210 kcal
7 g Eiweiß · 12 g Fett · 17 g Kohlenhydrate

- Zubereitungszeit: etwa 15 Minuten

So wird's gemacht:
1. Die Gemüsebrühe erhitzen.
2. Den Apfel waschen, schälen, fein reiben, und zur Brühe geben. Die Tomaten waschen und durch die »flotte Lotte« (Püriersieb) in die Brühe rühren. Die Brühe nicht kochen lassen.
3. Das Brot mit Butter bestreichen, in tiefe Teller je eine Scheibe legen und je ein Eigelb darauf gleiten lassen. Die heiße Brühe darüber schöpfen.

Kartoffelsuppe

Diese Suppe ist sehr nahrhaft und eignet sich für magere, eßunlustige Kinder sehr gut als Aufbaukost oder nach Erkrankungen.

Zutaten für 4 Portionen:
750 g mehligkochende Kartoffeln · 250 g junge Möhren · ¼ l Gemüsebrühe (Rezept Seite 54) · ½ l Vollmilch · 100 g Weichkäse (50% Fett) · 1 Eßl. gehackte Petersilie · 3 Eßl. Würz-Hefeflocken · 30 g gemahlene Mandeln · 125 g Sahne
Pro Portion etwa 2100 kJ/500 kcal
17 g Eiweiß · 28 g Fett · 43 g Kohlenhydrate

So wird's gemacht:
1. Die Kartoffeln abwaschen und mit der Schale in wenig Wasser 20–30 Minuten garen.
2. Inzwischen die Möhren schälen und fein reiben oder im Blitzhacker pürieren.
3. Die Gemüsebrühe und Milch erwärmen. Den Käse von der weißen Rinde befreien, würfeln und in der Brühe schmelzen lassen. Das Möhrenmus, die Petersilie, die Hefeflocken und die Mandeln darunterrühren.
4. Die Kartoffeln pellen, durch die Presse in die Suppe drücken und die Suppe nochmals erhitzen. Die Sahne steif schlagen und vorsichtig unterziehen.

Sonnenblumen-Flädle

Zutaten für 4 Portionen:
1 l Gemüsebrühe (Rezept Seite 54) · 250 g Möhren · 2 Eier · 100 g Weizenvollkornmehl · ¼ l Vollmilch · 50 g fein geriebener Maasdamer Käse · 40 g Sonnenblumenkerne · 1 Eßl. Maiskeimöl
Pro Portion etwa 1400 kJ/330 kcal
16 g Eiweiß · 18 g Fett · 25 g Kohlenhydrate

- Vorbereitungszeit: etwa 15 Minuten
- Garzeit: etwa 15 Minuten

So wird's gemacht:
1. Die Brühe erhitzen. Die Möhren waschen, schälen und fein reiben. Die Raspel in die Brühe geben und etwa 8 Minuten kochen lassen.
2. Die Eier mit dem Mehl und der Milch verrühren. Dann den Käse und die Sonnenblumenkerne unterziehen.
3. Das Fett in einer beschichteten Pfanne heiß werden lassen und von dem Teig nacheinander 2–3 Pfannkuchen von beiden Seiten backen. Die Pfannkuchen aufeinander legen und in etwa 5 mm dicke Streifen schneiden. Diese Flädle in 4 Suppenteller füllen und die Karottenbrühe darüber schöpfen.

Für Süßschnäbel

Bananen-Zitronen-Gebirge

Zutaten für 4 Portionen:
1 Zitrone · 2 reife Bananen · 250 g Magerquark · 2 Eier · 2 Eßl. Honig
Pro Portion etwa 680 kJ/160 kcal
12 g Eiweiß · 3 g Fett · 21 g Kohlenhydrate

- Zubereitungszeit: etwa 10 Minuten

So wird's gemacht:
1. Die Zitrone halbieren und auspressen. Die Bananen schälen und mit dem Zitronensaft pürieren. Den Quark unterziehen.
2. Die Eier in Eiweiße und Eigelbe trennen. Die Eigelbe mit 1 Eßlöffel Honig cremig schlagen und unter die Quarkcreme ziehen.
3. Die Eiweiße mit einigen Tropfen Zitronensaft steif schlagen. Dann den Honig hinzufügen und noch etwas schlagen.
4. Den Eischnee in eine tiefe Schüssel häufeln, die Creme darüber gießen.

Schokoladen-Birnen-Auflauf

Zutaten für 4 Portionen:
100 g Datteln · 4 Eier · 30 g Carobpulver · 150 g Vollkorngrieß · 1 Prise Zimt · 800 g Birnen · 600 ccm Vollmilch
Pro Portion etwa 2000 kJ/19 kcal
19 g Eiweiß · 14 g Fett · 69 g Kohlenhydrate

- Vorbereitungszeit: etwa 15 Minuten
- Backzeit: etwa 30 Minuten

So wird's gemacht:
1. Die Datteln entsteinen, wenn nötig auch die harte Schale und den Stielansatz entfernen. Die Eier trennen. Die Eigelbe und die Datteln pürieren. Den Carob und den Grieß hinzufügen und mit dem Zimt würzen.
2. Den Backofen auf 200° (Gas Stufe 3) vorheizen.
3. Die Birnen waschen, schälen und in Viertel schneiden. Die Viertel quer durchschneiden.
4. Eine feuerfeste Form ausfetten. Die Eiweiße steif schlagen und unter die Grießmasse ziehen, dann die Birnenstückchen unterheben. Alles in die Form füllen, glattstreichen, in den heißen Backofen schieben und bei 200° (Gas Stufe 3) etwa 30 Minuten backen.
5. Dann den Auflauf herausnehmen und die heiße Milch über den Auflauf gießen. Die Milch kurz einziehen lassen, dann servieren.

Gestürzte Joghurt-Zwerge

Bild Umschlag-Vorderseite

Zutaten für 8 Portionen:
10 Blatt weiße Gelatine · 500 g Vollmilch-Joghurt · 2 Bananen · Saft von 1 Zitrone · 50 g Himbeeren · 50 g Blaubeeren
8 Förmchen mit je ⅛ l Inhalt
Pro Portion etwa 500 kJ/120 kcal
9 g Eiweiß · 5 g Fett · 10 g Kohlenhydrate

- Zubereitungszeit: etwa 10 Minuten
- Gelierzeit: etwa 4 Stunden

So wird's gemacht:
1. Die Gelatine etwa 10 Minuten in kaltem Wasser einweichen.
2. In der Zwischenzeit den Joghurt, die Bananen und den Zitronensaft in einen Mixer füllen und fein pürieren. Die Hälfte aus dem Mixbecher schöpfen, die Himbeeren in den Mixer füllen und kurz pürieren. Den Himbeerjoghurt ausgießen und den übrigen weißen Joghurt mit den Blaubeeren pürieren.

3. Die Gelatine bei schwacher Hitze in einem Topf auflösen, und die Menge teilen. Den Himbeer- und den Blaubeerjoghurt jeweils löffelweise unter die Gelatine rühren. Dann die Gelatine mit dem restlichen Joghurt mischen.
4. Die Förmchen mit kaltem Wasser ausschwenken, den Joghurt getrennt nach Farbe darin verteilen, so daß 4 lila und 4 rosa Puddings entstehen. Die Puddings für mindestens 4 Stunden in den Kühlschrank stellen.
5. Dann mit einem Messer den oberen Rand rundum lösen, die Förmchen kurz in heißes Wasser tauchen und stürzen.

Beeren-Wackelpeter mit Vanillequark

Bild Seite 63

Zutaten für 4 Portionen:
500 g Erdbeeren · 3 Eßl. Ahornsirup · etwa 200 ccm Apfelsaft · 1 Packung Götterspeise (Zitronengeschmack) · 1 Ei · 100 g Magerquark · 100 g Sahne · 1 Stückchen Vanilleschote · 1 Puddingform von 1 l Inhalt
Pro Portion etwa 870 kJ/210 kcal
5 g Eiweiß · 9 g Fett · 28 g Kohlenhydrate

- Zubereitungszeit: etwa 1 Stunde
- Gelierzeit: etwa 6 Stunden

So wird's gemacht:
1. Die Erdbeeren waschen, putzen und halbieren und mit 2 Eßlöffeln von dem Ahornsirup beträufeln und etwa 45 Minuten ziehen lassen.
2. Den Saft, der sich dabei bildet, auffangen und mit dem Apfelsaft auf ½ l auffüllen. Das Pulver mit ¼ l von dem Saft anrühren und etwa 5 Minuten quellen lassen. Das gequollene Puddingpulver bei schwacher Hitze solange erwärmen, bis es sich gelöst hat. Dann löffelweise den restlichen Saft hinzufügen.
3. Die Form mit kaltem Wasser ausschwenken und den Saft hineingießen. Die Früchte hineinlegen und die Götterspeise mindestens 6 Stunden im Kühlschrank gelieren lassen.
4. Nach dem Gelieren die Ränder lösen, die Form in heißes Wasser tauchen und stürzen.
5. Das Ei in Eiweiß und Eigelb trennen. Für die Sauce den Quark mit dem Eigelb, dem restlichen Ahornsirup und der Sahne cremig rühren. Die Vanilleschote aufschlitzen, das Mark herauskratzen und unter den Quark mischen. Zum Schluß das Eiweiß steif schlagen und unterziehen.

Quarkplätzchen

Zutaten für 1 Erwachsenen und 2 Kinder:
400 g Magerquark · 4 Eier · 100 g zarte Haferflocken · 4 Eßl. Vollkorngrieß · 1 Prise Salz · 300 g reife Pflaumen · etwas Zimt · 120 g ungehärtete Pflanzenmargarine · 4 Teel. Puderzucker
Pro Portion etwa 3200 kJ/500 kcal
33 g Eiweiß · 43 g Fett · 57 g Kohlenhydrate

- Vorbereitungszeit: etwa 40 Minuten
- Garzeit: etwa 10 Minuten

So wird's gemacht:
1. Den Quark mit den Eiern, den Haferflocken, dem Grieß und dem Salz verrühren und etwa 30 Minuten quellen lassen.
2. Für das Pflaumenmus die Pflaumen waschen, trockenreiben und entsteinen. Das Obst sehr fein zerkleinern und mit Zimt abschmecken.
3. Die Margarine in einer kleinen Pfanne zerlassen, den Teig portionsweise in das Fett geben, mit einem Löffel glattstreichen und von beiden Seiten in etwa 8 Minuten ausbacken.
4. Die Quarkplätzchen mit Puderzucker überstäuben, auf Teller verteilen und das Pflaumenmus außen herum gießen.

Eßspaß für das Kinderfest

Wenn Kinder spielen und toben, sollte das Essen unkompliziert sein. Es muß an Vertrautes erinnern, denn Kinder sind konservativ. Gleichzeitig sollte die Zubereitung einfach sein, um Ihnen Zeit für die Gäste zu lassen. Noch ein Tip: Beginnen Sie nicht gleich mit Eßbarem, lassen Sie die Kinder sich erst einmal austoben, damit sie richtig Appetit bekommen.

Gesunde Pizza vom Blech

Zutaten für 1 Backblech (etwa 20 Portionen):
200 g Magerquark · 6 Eßl. Olivenöl · 2 Eier · 1 Teel. getrockneter Oregano · 1 Teel. Salz · 300 g Weizenvollkornmehl · 100 g Maismehl · ¾ Päckchen Backpulver · 1 Knoblauchzehe · 500 g Tomaten · 2 kleine Dosen Thunfisch naturell · 600 g Pellkartoffeln · 2 Bund Frühlingszwiebeln · 2 kleine Dosen Maiskörner · 450 g Mozzarella · 4 Eßl. Öl
Für das Blech: Öl
Pro Portion etwa 1200 kJ/290 kcal
15 g Eiweiß · 13 g Fett · 29 g Kohlenhydrate

- Vorbereitungszeit: etwa 30 Minuten
- Backzeit: etwa 30 Minuten

So wird's gemacht:
1. Den Quark mit dem Öl, den Eiern, dem Oregano und dem Salz verrühren. Das Vollkorn- und das Maismehl mit dem Backpulver mischen und beides rasch unter den Quark kneten.
2. Den Backofen auf 180° (Gas Stufe 2) vorheizen. Das Backblech mit Öl einfetten, den Teig darauf ausrollen.
3. Die Knoblauchzehe schälen und fein hakken. Die Tomaten mit kochendem Wasser überbrühen, kurz darin ziehen lassen, kalt abschrecken und häuten, dabei die Stielansätze entfernen. Die Tomaten pürieren.
4. Das Tomatenmus mit dem Knoblauch vermischen und auf dem Teig verteilen.
5. Den Thunfisch abtropfen lassen, zerpflücken und darüber streuen.
6. Die Kartoffeln pellen, in Scheiben schneiden und gleichmäßig auf die Pizza legen.
7. Die Frühlingszwiebeln putzen, in dünne Ringe schneiden. Die Maiskörner abtropfen lassen, dann mit den Zwiebeln mischen und zwischen die Kartoffelscheiben streuen.
8. Den Mozzarella abtropfen lassen, in Würfel schneiden, gleichmäßig auf der Pizza verteilen und mit dem Öl beträufeln.
9. Die Pizza im heißen Backofen auf der untersten Schiene bei 180° (Gas Stufe 2) etwa 30 Minuten backen.

Gefüllte Ofenkartoffeln

Bild Umschlag-Vorderseite

Zutaten für 4 Portionen:
4 neue Kartoffeln (je etwa 250 g) · Salz · 1 Prise frisch gemahlener Pfeffer · 1 Eßl. gemahlene Haselnüsse · 100 g frisch geriebener Emmentaler · 1 Bund Schnittlauch · 2 Eier · 2 Eßl. Butter · 150 g saure Sahne · 2 Eßl. Crème fraîche
Pro Portion etwa 2000 kJ/480 kcal
18 g Eiweiß · 28 g Fett · 41 g Kohlenhydrate

- Vorbereitungszeit: etwa 5 Minuten
- Garzeit: etwa 30 Minuten
- Backzeit: etwa 15 Minuten

So wird's gemacht:
1. Die Kartoffeln unter fließendem Wasser abbürsten und in einem Topf mit wenig Wasser und Salz zum Kochen bringen. Die Kartoffeln bei schwacher Hitze in 30 Minuten garen.
2. Inzwischen wenig Salz mit dem Pfeffer, den Nüssen und dem Käse vermischen.

3. Den Schnittlauch waschen und in kleine Röllchen schneiden. Die Eier in Eiweiße und Eigelbe trennen. Den Schnittlauch und die Eigelbe zur Käsemasse geben.
4. Den Backofen auf 200° (Gas Stufe 3) vorheizen.
5. Die garen Kartoffeln leicht abkühlen lassen, auf einer Breitseite einen flachen Deckel abschneiden. Mit einem Löffel das Innere der Kartoffel herauslösen, mit einer Gabel zerdrücken und mit der Eier-Käsemasse mischen.
6. Jede Kartoffel innen mit der Butter ausstreichen. Die Eiweiße steif schlagen, unter die Kartoffelfüllung ziehen und die Masse in die Kartoffeln füllen. Jede Kartoffel auf ein Stück Alufolie setzen und auf dem Blech in den heißen Backofen schieben. Die Kartoffeln bei 200° (Gas Stufe 3) etwa 15 Minuten backen.
7. Die saure Sahne mit der Crème fraîche verrühren und zu den Ofenkartoffeln servieren.

Knusprige Käse-Waffeln

Zutaten für 8 Waffeln:
100 g Butter oder Margarine · 150 g frisch geriebener Gouda · 4 Eier · 150 g Schmelzflocken · 300 ccm Vollmilch · 100 g kernige Haferflocken · 1 Bund Schnittlauch
Für das Waffeleisen: Öl
Pro Waffel etwa 1500 kJ/360 kcal
14 g Eiweiß · 25 g Fett · 21 g Kohlenhydrate

- Vorbereitungszeit: etwa 10 Minuten
- Backzeit: 25–30 Minuten

So wird's gemacht:
1. Die Butter oder Margarine mit dem Käse und den Eiern cremig rühren. Die Schmelzflocken dazugeben und mit der Masse verrühren. Dabei nach und nach die Milch dazugießen.
2. Die Haferflocken in einer Pfanne leicht rösten und zum Teig geben. Den Schnittlauch waschen, in Röllchen schneiden und unter den Teig ziehen.
3. Ein Waffeleisen leicht einfetten und die Waffeln bei höchster Stufe portionsweise goldgelb backen. Wird der Teig währenddessen zu dick, noch mit etwas Milch verdünnen.
Das paßt dazu: Kräuterquark

Müsli-Buchstaben

Bild 3. Umschlagseite

Zutaten für etwa 12 Buchstaben:
300 ccm Buttermilch · 225 g Müslimischung mit Trockenfrüchten und Nüssen (ohne Zucker) · ½ Tüte Trockenhefe · 40 g Honig · 40 g Butter · 400 g Weizenvollkornmehl · Salz · 1 Teel. Zimt
Für das Blech: Butter
Zum Bestreichen: 1 Eigelb
Zum Bestreuen: Haferflocken
Pro Stück etwa 990 kJ/240 kcal
7 g Eiweiß · 7 g Fett · 37 g Kohlenhydrate

- Vorbereitungszeit: etwa 2 Stunden
- Backzeit: etwa 20 Minuten

So wird's gemacht:
1. Die Buttermilch erwärmen, bis sie lauwarm ist. Das Müsli mit der Buttermilch übergießen, die Hefe gut untermischen und an einem warmen Ort etwa 1 Stunde quellen lassen.
2. Den Honig erwärmen, die Butter darin schmelzen lassen und im Wechsel mit dem Mehl, Salz und dem Zimt unter den Teigansatz kneten, bis ein elastischer Teig entsteht. Den Teig nochmals etwa 30 Minuten gehen lassen.
3. Ein Kuchenblech mit Butter einfetten. Den Teig in 12 Portionen teilen. Jede Portion zu 1–2 cm dicken Rollen und dann zu Buchstaben formen. Die Buchstaben auf das Blech legen.

4. Den Backofen auf 220° (Gas Stufe 4) vorheizen. Das Eigelb mit 1 Eßlöffel Wasser verschlagen, die Buchstaben damit bestreichen, mit Haferflocken bestreuen und nochmals etwa 15 Minuten gehen lassen. Dann das Blech in die mittlere Schiene des vorgeheizten Backofens schieben und etwa 20 Minuten bei 220° (Gas Stufe 4) backen.

Apfelschnitten

Zutaten für 8 Schnitten:
250 g Magerquark · 200 g Weizenvollkornmehl · 200 g Butter · 1 Eigelb · 1 Prise Salz · 1 Eßl. Zucker · 1 Eigelb · 2 große Äpfel · 2 Eßl. Aprikosenkonfitüre · 1 Eßl. Sesamsamen
Pro Schnitte etwa 2800 kJ/670 kcal
17 g Eiweiß · 47 g Fett · 46 g Kohlenhydrate

- Vorbereitungszeit: etwa 15 Minuten
- Ruhezeit: etwa 6 Stunden
- Backzeit: etwa 20 Minuten

So wird's gemacht:
1. Den Quark in einem Mulltuch trockendrükken. Das Mehl mit dem Quark, den Butterflöckchen, dem Eigelb, dem Salz und dem Zucker rasch verkneten, zu einer Kugel formen, in Folie verpacken und im Gemüsefach des Kühlschranks etwa 6 Stunden ruhen lassen.
2. Den Backofen auf 220° (Gas Stufe 4) vorheizen. Den Teig auf einer bemehlten Arbeitsfläche zu einem Rechteck von 20 × 40 cm ausrollen und in Quadrate von 10 × 10 cm teilen. Die Quadrate auf ein Backblech legen und mit dem Eigelb bestreichen.
3. Die Äpfel waschen, das Kerngehäuse ausstechen und aus der Mitte 4 schöne Ringe schneiden. Die Ringe auf den Teig legen.
4. Die Apfelschnitten im heißen Backofen bei 220° (Gas Stufe 4) etwa 20 Minuten backen.
5. Inzwischen die Konfitüre durch ein Sieb streichen und die Sesamsamen in einer Pfanne rösten. Die fertigen Schnitten mit Konfitüre einpinseln und mit Sesamsamen bestreuen.

Schnelle Götterspeisen-Torte

Zutaten für eine Springform von 26 cm Ø:
150 g Früchtemüslimischung (ohne Zucker) · Saft von 1 Orange · 150 g Mascarpone · 30 g Mandelblättchen · 2 Orangen · 12 Blatt weiße Gelatine · 1 l Apfelsaft · 300 g tiefgefrorene Himbeeren
Bei 12 Stücken pro Stück etwa 720 kJ/170 kcal
5 g Eiweiß · 7 g Fett · 22 g Kohlenhydrate

- Zubereitungszeit: etwa 30 Minuten

So wird's gemacht:
1. Die Müslimischung in eine Schüssel geben. Den Orangensaft über das Müsli träufeln. Den Mascarpone dazugeben und verkneten.
2. Eine Kuchenplatte mit Mandelblättchen bestreuen. Den Ring von der Springform darauf setzen und die Masse darauf streichen.
3. Die Orangen schälen, in dünne Scheiben schneiden und den Boden damit auslegen.
4. Die Gelatine etwa 10 Minuten in kaltem Wasser einweichen. Von dem Apfelsaft etwa ¼ l erwärmen und die Gelatine darin auflösen. Dann löffelweise den übrigen Apfelsaft dazugeben. Die Himbeeren unaufgetaut auf den Orangen verteilen und den Saft langsam darübergießen. Durch die Kälte der Beeren erstarrt der Saft sofort.
5. Den Kuchen noch 2–3 Stunden im Kühlschrank erstarren lassen. Den Ring kurz vor dem Servieren entfernen.

Früchtefondue

Bild Seite 64

Bereiten Sie möglichst viele verschiedene, in mundgerechte Stücke geschnittene Früchte wie beispielsweise Erdbeeren, Stachelbeeren, Pflaumenhälften, Johannisbeerrispen, Pfirsichspalten, Aprikosenviertel, Apfelspalten, Bananenstückchen, halbe Kiwischeiben, Orangenspalten und Mandarinenspalten vor.
Alle Früchte, die sich leicht verfärben, vorher in Zitronensaft tauchen. Dazu jede Menge bunte Spieße zum Eintauchen in die Saucen bereitlegen. Rechnen Sie pro Kind 200–300 g Obst.

Zitronensauce

Zutaten für 4 Portionen:
300 g Vollmilchjoghurt · 150 g Crème fraîche · 1 unbehandelte Zitrone · 40 g gemahlene Mandeln · 2 Eßl. Ahornsirup
Pro Portion etwa 1200 kJ/290 kcal
6 g Eiweiß · 23 g Fett · 14 g Kohlenhydrate

- Zubereitungszeit: etwa 10 Minuten

So wird's gemacht:
1. Den Joghurt mit der Crème fraîche cremig rühren. Die Zitrone waschen und abtrocknen. Die Zitronenschale abreiben und zum Joghurt geben.
2. Dann die Zitrone auspressen, den Saft mit den Mandeln und dem Ahornsirup verrühren. Diese Masse mit der Joghurtcreme verrühren.

Schokoladensauce

Ich bereite die Sauce mit Carob zu, ein Johannisbrotkernmehl, das ähnlich wie Schokolade schmeckt. Sie können es im Bioladen oder Reformhaus kaufen.

Zutaten für 4 Portionen:
4 Eßl. Vollmilch · 1 Eßl. Carobpulver · 1 Teel. Kakaopulver · 2 Eßl. Akazienhonig · 125 g Crème double · 200 g Sahne
Pro Portion etwa 1400 kJ/330 kcal
3 g Eiweiß · 30 g Fett · 12 g Kohlenhydrate

- Zubereitungszeit: etwa 10 Minuten

So wird's gemacht:
1. Die Milch leicht erwärmen. Den Carob und den Kakao in der Milch anrühren, dann abkühlen lassen.
2. Die Milch mit dem Honig verrühren und diese Flüssigkeit in die Crème double rühren. Die Sahne mit dem Handrührgerät sehr steif schlagen und unter die Creme ziehen.

Erdbeersauce

Zutaten für etwa 4 Portionen:
200 g reife Erdbeeren · 2 Eßl. Apfeldicksaft · 150 g cremiger Frischkäse (magere Sorte) · 1 Eiweiß
Pro Portion etwa 380 kJ/90 kcal
6 g Eiweiß · 2 g Fett · 13 g Kohlenhydrate

- Zubereitungszeit: etwa 10 Minuten

So wird's gemacht:
1. Die Erdbeeren waschen und putzen. Die Früchte mit dem Apfeldicksaft und dem Frischkäse in einen hohen Rührbecher geben und mit dem Pürierstab pürieren.
2. Das Eiweiß steif schlagen und vorsichtig unter die Masse ziehen. Die Sauce in ein Schälchen füllen und sofort servieren.

Trinken muß sein

. . . vor allen Dingen, um den Durst zu löschen und den Flüssigkeitsbedarf zu decken. Dazu eignen sich am besten Wasser, Früchtetee oder verdünnte Fruchtsäfte – Hauptsache wenig Zucker! Getränke können aber auch Aufbaufunktion haben, denn in flüssiger Form rutscht alles schneller. Deshalb habe ich neben Durstlöschern auch Getränke zusammengestellt, die das Kind mit wertvollen Nährstoffen versorgen. Das sind dann aber eher kleine flüssige Mahlzeiten, die Sie möglichst nicht vor dem Essen geben sollten.

Anismilch

Zutaten für 1 Portion:
½ Teel. Anissamen · ¼ l Vollmilch · 1 Teel. Honig
Etwa 740 kJ/180 kcal
8 g Eiweiß · 9 g Fett · 16 g Kohlenhydrate

- Zubereitungszeit: etwa 5 Minuten

So wird's gemacht:
1. Die Anissamen im Mörser zerstoßen. Die Milch mit dem Anis in einen Topf geben und erhitzen, aber nicht kochen lassen. Die Milch durch ein Haarsieb gießen, mit dem Honig süßen und in einen Becher füllen.

Apfel-Ananas-Trunk

Ein Bowlen-Rezept für die nächste Kinderparty. Im Sommer können Sie auch statt Ananas Erdbeeren nehmen.

Zutaten für 8 Portionen:
4 aromatische Kochäpfel · 40 g Rosinen · 1 Zimtstange · 2 l Wasser · 1 Ananas

Pro Portion etwa 560 kJ/130 kcal
1 g Eiweiß · 1 g Fett · 31 g Kohlenhydrate

- Vorbereitungszeit: etwa 10 Minuten
- Kochzeit: etwa 30 Minuten

So wird's gemacht:
1. Die Äpfel waschen und samt Kerngehäuse in Achtel schneiden. Die Apfelstücke mit den Rosinen und der Zimtstange in dem Wasser zum Kochen bringen und bei schwacher Hitze etwa 30 Minuten kochen lassen.
2. In der Zwischenzeit die Ananas schälen, in Scheiben schneiden, diese halbieren und den holzigen Kern entfernen. Die Halbringe in Stükke schneiden.
3. Den Apfelsud durch ein Sieb in einen Krug gießen. Die Ananasstückchen dazugeben und kalt stellen. Wer will, kann das Getränk noch mit Mineralwasser aufschäumen.

Viele Kinder mögen es süß. Dieser Beeren-Wackelpeter mit Vanillequark (Rezept Seite 57) befriedigt mit Sicherheit den süßen Hunger, ohne zu schaden. ▷

Vanille-Shake

Schütteln macht Kindern Spaß. Bei Kinderfesten können Sie auch 1 Bällchen Fruchteis mit Eiswasser schütteln und mit Mineralwasser auffüllen.

Zutaten für 1 Glas:
200 ccm Vollmilch · 2 Eiswürfel · 1 Messerspitze Vanillemark · 1 Teel. Ahornsirup
Etwa 610 kJ/150 kcal
6 g Eiweiß · 7 g Fett · 13 g Kohlenhydrate

- Zubereitungszeit: etwa 5 Minuten

So wird's gemacht:
1. Die Milch, die Eiswürfel, das Vanillemark und den Ahornsirup in einen Shaker oder Schüttelbecher geben. Diesen dicht verschließen und kräftig schütteln. Den Inhalt in ein Glas gießen und mit einem Strohhalm trinken.

◁ Früchtefondue ist eine tolle Idee für kleine Gäste. Dippen und eintauchen macht garantiert allen Spaß. Stellen Sie Obst in mundgerechten Stücken bereit und dazu viele Spieße zum Eintauchen. Das Rezept finden Sie auf Seite 61.

Kiwi-Limonade

Kiwis sind besonders reich an Vitamin C und eignen sich zur Zubereitung eines Anti-Grippe-Getränks. Der Apfeldicksaft liefert die Mineralstoffe.

Zutaten für 4 Gläser:
2 Kiwis · 1 Eßl. Apfeldicksaft · Mineralwasser zum Auffüllen · 4 Blättchen Zitronenmelisse zur Dekoration
Für die Gläser: 4 Strohhalme
Pro Glas etwa 140 kJ/33 kcal
0 g Eiweiß · 0 g Fett · 7 g Kohlenhydrate

- Zubereitungszeit: etwa 10 Minuten

So wird's gemacht:
1. Die Kiwis mit einem Sparschäler schälen. Das Fruchtfleisch und den Apfeldicksaft in eine hohe Rührschüssel geben und mit dem Pürierstab pürieren.
2. Dieses Püree in 4 hohe Gläser füllen und mit Mineralwasser aufgießen. Die Gläser mit 1 Strohhalm und 1 Blatt Zitronenmelisse dekorieren.

Mein Tip: An Geburtstagen können Sie die Getränke mit einfachen Tricks interessant machen:
- Frieren Sie einzelne Beeren mit Mineralwasser als Eiswürfel ein – das macht Spaß im Glas.
- Gläser mit Rand: leere Gläser erst in Zitronen- oder Ananassaft, dann in Kokosflocken oder gemahlene Nüsse tauchen (siehe Zeichnung).
- Strohhalme, Papierschirme und Namensschilder sind hübsch und vermeiden den Streit ums Glas.

Kalte Ente

Zutaten für 6 Portionen:
1 unbehandelte Zitrone · 40 g flüssiger Honig · ½ l Wasser · 1 l Mineralwasser
Pro Portion etwa 91 kJ/22 kcal
0 g Eiweiß · 0 g Fett · 5 g Kohlenhydrate

- Zubereitungszeit: etwa 10 Minuten

So wird's gemacht:
1. Die Zitrone waschen und abtrocknen. Die Schale spiralförmig abschälen, mit der Frucht aber verbunden lassen und in einen Krug hängen.
2. Das Wasser aufkochen, in den Krug gießen und den Honig dazugeben.
3. Das Wasser abkühlen lassen, dann in den Kühlschrank stellen.
4. Wenn die Flüssigkeit eiskalt ist, mit Mineralwasser auffüllen und mit der Zitrone servieren.

Möhren-Orangen-Cocktail

Zutaten für 1 Portion:
1 zarte Möhre · 1 Orange · 100 g Joghurt · 1 Teel. Honig · 1 Prise Zimt
Etwa 760 kJ/180 kcal
6 g Eiweiß · 4 g Fett · 30 g Kohlenhydrate

- Zubereitungszeit: etwa 5 Minuten

So wird's gemacht:
1. Die Möhre schälen und in Scheiben schneiden. Die Orange schälen, in Segmente teilen und die weißen Fädchen entfernen.
2. Die Möhre und die Orange mit dem Joghurt, dem Honig und dem Zimt im Mixer pürieren oder mit dem Pürierstab zerkleinern.
3. Den Cocktail in Gläser füllen und servieren.

Kraft-Flip

Ein nährstoffreiches Getränk für untergewichtige Kinder. Wenn Ihr Kind keinen Sanddorn mag, nehmen Sie eine ganze Banane.

Zutaten für 1 Portion:
12 geschälte Mandeln · 1 Eigelb · ½ Banane · 1 Eßl. ungesüßter Sanddornsaft · 1 Teel. neutrale Hefeflocken · 200 ccm Vollmilch
Etwa 1400 kJ/330 kcal
14 g Eiweiß · 21 g Fett · 22 g Kohlenhydrate

- Zubereitungszeit: etwa 5 Minuten

So wird's gemacht:
1. Die Mandeln, das Eigelb und die Banane in eine Rührschüssel geben und mit dem Pürierstab pürieren.
2. Dann nach und nach den Sanddornsaft, die Hefeflocken und die Milch hinzufügen und vermischen. Die Milch in ein Glas füllen und sofort trinken.

So bekommen Sie einen hübschen, verlockenden Rand: Das leere Glas zuerst in Saft und dann in Kokosflocken tauchen.

Pflaster für den Magen

Ein krankes Kind braucht eine besondere Kost. Gerade bei häufigen Erkrankungen des Magen-Darm-Traktes und der Atmungsorgane kann ein richtiges Essen den Kindern wieder auf die Beine helfen. Das gilt auch für die Zeit der Genesung, in der Kräfte gesammelt werden.

Tee

(Schonkost)

Bei Erbrechen, Durchfall oder auch Fieber ist eine ständige Flüssigkeitszufuhr wichtig. Dabei müssen Salze ersetzt und Energie in Form von Traubenzucker zugeführt werden. Gleichzeitig sollte das Getränk beruhigend auf die Verdauungsorgane wirken. Brombeerblätter wirken stopfend. Bei verdorbenem Magen ersetzen Sie diese durch Pefffferminze oder Fenchelsamen. Der Tee sollte kalt getrunken werden.

Zutaten für 1 Liter:
1 Teel. schwarzer Tee · 1 Teel. getrocknete Brombeerblätter · 1 Prise Salz · 1 Prise Kaliumchlorid (Apotheke) · 2–3 Eßl. Traubenzucker · 2 Orangen
Etwa 900 kJ/210 kcal
1 g Eiweiß · 0 g Fett · 51 g Kohlenhydrate

- Zubereitungszeit: etwa 12 Minuten

So wird's gemacht:
1. Etwa 3/4 l Wasser zum Kochen bringen. Die Tee- und Brombeerblätter in eine große Kanne geben, mit dem kochenden Wasser überbrühen und etwa 8 Minuten ziehen lassen.
2. Den Tee durch ein Haarsieb gießen, das Salz, das Kaliumchlorid und den Traubenzucker darin auflösen.
3. Die Orangen auspressen. Den Saft durch ein Sieb in den Tee gießen und kalt stellen.

Geriebener Apfel mit Kartoffel-Buttermilchschnee

(Schonkost)

Geriebener Apfel ist die erste feste Kost, die nach einer Teepause gegeben werden kann. Wenn Sie Delicious nehmen, wird er nicht so schnell braun – dann sieht es appetitlicher aus und schmeckt es den kleinen Kranken besser.

Zutaten für 1 Portion:
1 Apfel (Delicious) · 200 g mehligkochende Kartoffeln · 100 ccm Buttermilch · 1 gute Messerspitze Salz
Etwa 950 kJ/230 kcal
8 g Eiweiß · 1 g Fett · 47 g Kohlenhydrate

- Vorbereitungszeit: etwa 5 Minuten
- Garzeit: 20–30 Minuten

So wird's gemacht:
1. Den Apfel waschen, schälen, auf einer Handreibe fein reiben (siehe Zeichnung) und sofort zu essen geben, während Sie den Kartoffel-Buttermilchschnee zubereiten.

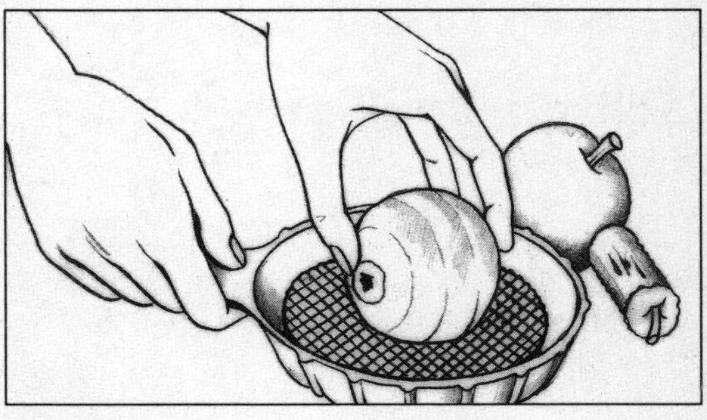

Auf dieser praktischen Handreibe können Sie blitzschnell ganze, geschälte Äpfel rund um das Kerngehäuse herum abreiben.

2. Die Kartoffeln waschen, mit der Schale 20–30 Minuten kochen, bis sie gar sind. Die Kartoffeln dann pellen und durch die Kartoffelpresse drücken. Das Kartoffelmus mit der Buttermilch und dem Salz cremig rühren. Wenn nötig, nochmals kurz erhitzen.

Reis-Bananen-Brei

(Schonkost)

Eine Diätspeise für Süßschnäbel, die stopfend wirkt und den Magen beruhigt.

Zutaten für 1 Portion:
⅛ l Wasser · 2 Eßl. Reisflocken · 1 kleine, vollreife Banane
Etwa 640 kJ/150 kcal
3 g Eiweiß · 0 g Fett · 35 g Kohlenhydrate

- Garzeit: etwa 5 Minuten

So wird's gemacht:
1. Das Wasser mit den Reisflocken zum Kochen bringen. Solange bei schwacher Hitze kochen lassen, bis die Flocken weich sind.
2. Inzwischen die Banane mit dem Pürierstab pürieren und unter die Grütze ziehen.

Möhren-Bouillon

(Schonkost)

Eine klare Bouillon (Rezept Seite 54) eignet sich ebenfalls, Salzverluste zu ergänzen. Zur nächsten Aufbaustufe gehört diese schonende Gemüsesuppe.

Zutaten für 1 Portion:
150 g Möhren · ⅛ l Wasser · 1 Stengel Petersilie · 1 Prise Salz · Apfelspalte
Etwa 300 kJ/71 kcal
2 g Eiweiß · 0 g Fett · 15 g Kohlenhydrate

- Zubereitungszeit: etwa 20 Minuten

So wird's gemacht:
1. Die Möhren waschen, schälen und in Scheiben schneiden. Die Möhrenscheiben mit dem Wasser, der Petersilie und dem Salz in einen Topf geben, zum Kochen bringen und in etwa 15 Minuten garen.
2. Den Petersilienstengel entfernen und die Suppe samt den Möhren durch ein Sieb passieren. Die Apfelspalte schälen, fein reiben und unter die Suppe ziehen.

Hafergrütze

(Schonkost)

Haferflocken wirken stopfend. Bei Durchfall und Erbrechen muß der Brei ohne Fett zubereitet werden.

Zutaten für 1 Portion:
¼ l Wasser · 1 Messerspitze Fleischextrakt (ersatzweise ½ Teel. Soja-Sauce) · 2 Eßl. zarte Haferflocken
Etwa 480 kJ/150 kcal
3 g Eiweiß · 0 g Fett · 35 g Kohlenhydrate

- Garzeit: etwa 5 Minuten

So wird's gemacht:
1. Das Wasser mit dem Fleischextrakt oder der Soja-Sauce zum Kochen bringen, die Flocken einstreuen und bei schwacher Hitze etwa 3 Minuten kochen lassen, bis die Flocken weich sind.

Joghurtspeise

(Aufbaukost)

Fiebernde Kinder mit dickem Hals lieben kühle, erfrischende Speisen. Hier können Sie eine Menge guter Dinge hineinmogeln!

Zutaten für 1 Portion:
100 g Joghurt · 2 Eßl. Crème double · 1 Teel. neutrale Nährhefe · 3 Datteln · 2 Mandarinen · 1 Banane · 2 Eßl. Zitronensaft
Etwa 2300 kJ/550 kcal
10 g Eiweiß · 22 g Fett · 80 g Kohlenhydrate

- Zubereitungszeit: etwa 8 Minuten

So wird's gemacht:
1. Den Joghurt mit der Crème double und der Hefe cremig rühren.
2. Die Datteln von der Haut befreien, entsteinen und fein hacken.
3. Die Mandarinen schälen und die Segmente häuten oder zumindest von den weißen Fädchen befreien. Beides unter den Joghurt mischen.
4. Die Banane schälen, zusammen mit dem Zitronensaft pürieren, unter den Joghurt ziehen und sofort dem Kind geben.

Frucht-Eiscreme

(Aufbaukost)

Eis mögen alle Kinder gerne. Bei Halsentzündung und auch bei Fieber wirkt es angenehm kühlend. Mit frischen Früchten und Milchprodukten ist es eine vitamin- und eiweißreiche Zwischenmahlzeit.

Zutaten für 4 Portionen:
100 g frische Beeren (Erd-, Johannis-, Himoder Blaubeeren, ersatzweise tiefgefrorener Beerencocktail) · 1 Orange · 3 Eßl. Apfeldicksaft · 1 Eigelb · 125 g Crème double
Pro Portion etwa 920 kJ/220 kcal
2 g Eiweiß · 15 g Fett · 18 g Kohlenhydrate

- Zubereitungszeit: etwa 15 Minuten
- Gefrierzeit: etwa 6 Stunden

So wird's gemacht:
1. Die Beeren waschen, verlesen oder auftauen und durch ein grobes Sieb streichen.
2. Die Orange halbieren und auspressen.
3. Den Dicksaft mit dem Eigelb cremig schlagen, den Orangensaft, das Beerenmark und die Crème double unter die Masse ziehen.
4. Die Masse entweder in eine Gefrierbox oder in Stieleisförmchen füllen, ins Gefrierfach stellen und über Nacht gefrieren lassen.

Rahmschnitzel mit Kartoffel-Möhrenbrei

(Aufbaukost)

Zutaten für 1 Portion:
150 g Kartoffeln · 150 g Möhren · 2 Teel. Butter · Salz · 80 g Hähnchenbrustfilet · 1 Eßl. Weizenvollkornmehl · 2 Eßl. Crème fraîche · 1 Teel. Tomatenmark · ⅛ l Vollmilch · 1 Teel. gehackte Petersilie
Etwa 2300 kJ/550 kcal
30 g Eiweiß · 22 g Fett · 55 g Kohlenhydrate

- Vorbereitungszeit: etwa 5 Minuten
- Garzeit: etwa 30 Minuten

So wird's gemacht:
1. Die Kartoffeln waschen, mit der Schale in wenig Wasser garen.
2. Die Möhren waschen, schälen und in Scheiben schneiden. In 1 Teelöffel Butter andünsten,

leicht salzen, 1–2 Eßlöffel Wasser dazugeben und die Möhren bei geschlossenem Deckel etwa 20 Minuten dünsten.
3. Inzwischen das Hähnchenbrustfilet heiß abwaschen, leicht salzen und in dem Mehl wenden. In einem Topf die restliche Butter zerlassen, das Fleisch darin andünsten, die Crème fraîche unterrühren und etwa 10 Minuten bei schwacher Hitze dünsten. Die Sauce mit dem Tomatenmark abschmecken.
4. Die Kartoffeln pellen, mit der Milch und der Petersilie zu den Möhren geben. Alle Zutaten pürieren. Das Püree mit dem Schnitzel servieren. Wer will, kann das Püree mit je 1 Teelöffel Butter und Sahne noch gehaltvoller machen.

Sahne-Pfannkuchen mit Apfelmus

(Aufbaukost)

Leicht verdaulich und nährstoffreich sollte das Essen nach einer Krankheit sein. Das Kind muß es leicht kauen und schlucken können.

Zutaten für 1 Portion:
1 Apfel · 1 Eßl. Rosinen · 1 Eßl. Zitronensaft · 1 Ei · 30 g Weizenvollkornmehl · 1 Eßl. gemahlene Mandeln · 1 Eßl. Sesamsamen · 3 Eßl. Sahne · 1 Prise Salz · 1 Teel. Butter oder Margarine · 2 Eßl. Sahnequark · 1 Eßl. Honig
Etwa 3400 kcal/810 kJ
24 g Eiweiß · 49 g Fett · 67 g Kohlenhydrate

- Vorbereitungszeit: etwa 5 Minuten
- Garzeit: etwa 17 Minuten

So wird's gemacht:
1. Den Apfel waschen, schälen, vom Kerngehäuse befreien und in Achtel schneiden. Die Apfelstücke mit den Rosinen und dem Zitronensaft in 1–2 Eßlöffeln Wasser etwa 10 Minuten dünsten.
2. Inzwischen das Ei mit dem Mehl, den Mandeln, den Sesamsamen, der Sahne und dem Salz zu einem Teig verquirlen.
3. Die Butter oder Margarine in einer beschichteten Pfanne zerlassen, den Teig hineingeben und verteilen. Einen Deckel auflegen und etwa 2 Minuten backen. Dann den Pfannkuchen wenden, den Deckel auflegen und fertig backen.
4. Die Apfelspalten mit einer Gabel zerdrükken, mit dem Quark und dem Honig verrühren und auf den Pfannkuchen streichen. Den Pfannkuchen aufrollen und in Schnecken-Scheiben schneiden.

Rezept- und Sachregister

Kursiv gesetzte Seitenzahlen verweisen auf Farbbilder

Rezeptregister

Sachregister

Backen Sie fürs Kinderfest diese Müslibuchstaben. ▷ Jedes Kind bekommt statt Tischkarten den Anfangsbuchstaben seines Namens – ob jeder schon seinen kennt? Das Rezept finden Sie auf Seite 59.